ISBN 978-0-282-73137-3
PIBN 10436227

This book is a reproduction of an important historical work. Forgotten Books uses
state-of-the-art technology to digitally reconstruct the work, preserving the original format
whilst repairing imperfections present in the aged copy. In rare cases, an imperfection in
the original, such as a blemish or missing page, may be replicated in our edition. We do,
however, repair the vast majority of imperfections successfully; any imperfections that
remain are intentionally left to preserve the state of such historical works.

1 MONTH OF
FREE
READING

at
www.ForgottenBooks.com

By purchasing this book you are eligible for one month membership to ForgottenBooks.com, giving you unlimited access to our entire collection of over 1,000,000 titles via our web site and mobile apps.

To claim your free month visit:
www.forgottenbooks.com/free436227

English
Français
Deutsche
Italiano
Español
Português

www.forgottenbooks.com

Mythology Photography **Fiction**
Fishing Christianity **Art** Cooking
Essays Buddhism Freemasonry
Medicine **Biology** Music **Ancient
Egypt** Evolution Carpentry Physics
Dance Geology **Mathematics** Fitness
Shakespeare **Folklore** Yoga Marketing
Confidence Immortality Biographies
Poetry **Psychology** Witchcraft
Electronics Chemistry History **Law**
Accounting **Philosophy** Anthropology
Alchemy Drama Quantum Mechanics
Atheism Sexual Health **Ancient History**
Entrepreneurship Languages Sport
Paleontology Needlework Islam
Metaphysics Investment Archaeology
Parenting Statistics Criminology
Motivational

Die Annexion von Texas.

Ein Beitrag zur Geschichte der Monroe-Doktrin.

Text der Kapitel 7 und 8.
Auszüge der Kapitel 1—6 und 9—11.

INAUGURAL-DISSERTATION

ZUR

ERLANGUNG DER DOKTORWÜRDE

GENEHMIGT

VON DER PHILOSOPHISCHEN FAKULTÄT

DER

FRIEDRICH-WILHELMS-UNIVERSITÄT ZU BERLIN.

Von

Benajah H. Carroll

aus Amerika.

Tag der Promotion: 12. Februar 1904.

Referenten:

Professor D. Dr. **Lenz.**

Professor Dr. **Schäfer.**

Mit Genehmigung der philosophischen Fakultät enthält die Dissertation nur einen Teil der eingereichten Arbeit. Das Ganze wird in Buchform erscheinen.

Universitäts-Buchdruckerei von Gustav Schade (Otto Francke), Linienstr. 158.

Vorwort.

Die Arbeit versucht, im Gegensatz zu der bisherigen Forschung aus den Quellen den aktenmäßigen Beweis zu erbringen, daß die Sklavenfrage bei der Annexion von Texas keine wesentliche Rolle gespielt hat, sondern daß dafür die Expansionspolitik maßgebend war, wie sie im Sinne der Monroe-Doktrin lag; daß sich diese Politik gegen England richtete, und zwar mit gutem Grunde; daß England nur nachgab, weil die allgemeine Weltlage es dazu zwang; daß ferner zum Verständnis dieser Annexion sowohl die Oregonfrage wie auch die Kämpfe innerhalb der einzelnen Parteien in den dabei beteiligten Staaten herangezogen werden müssen, und daß schließlich der Norden der Union mehr dafür getan hat, als der Süden.

Inhaltsverzeichnis.

Übersicht über den Inhalt der ersten sechs Kapitel.

———

1. Kapitel.

Das Problem nach der Schlacht von Jacinto und seine möglichen Lösungen.

Die Frage, wie sich die Zukunft der neuen Republik Texas gestalten sollte, wie sich namentlich die Großmächte zu dem neuen Staatengebilde stellen würden, war einer sehr verschiedenen Lösung fähig. Für Mexiko war es weder möglich noch wünschenswert, seine abgefallene Provinz zurückzuerobern; doch schien ein Bund mit den nördlichen Staaten von Mexiko und die Umbildung in einen Teil einer nordmexikanischen Republik zunächst nicht ausgeschlossen. Andererseits lag auch eine engere Verbindung mit dem Süden der Vereinigten Staaten im Bereiche der Möglichkeit; Bedingung dafür wäre natürlich die Annahme der dort in der Sklavenfrage geltenden Prinzipien gewesen. Texas konnte ferner den Versuch wagen, unabhängig zu bleiben; gelang das nicht, sich wenigstens mit dem Schein einer nominellen Unabhängigkeit unter die Schutzherrschaft einer europäischen Macht begeben oder gar Kolonie werden.

Es konnte endlich an die Vereinigten Staaten als Territorium oder als Bundesstaat angegliedert, vielleicht dabei auch in mehrere kleinere Staaten zerschlagen werden.

2. Kapitel.

Die Möglichkeit einer Konföderation mit Mexiko oder den Südstaaten der Union.

Es zeigte sich bald, daß der Plan einer Union mit Mexiko unausführbar war; die schwächlichen Versuche in dieser Richtung führten zu nichts und gingen übrigens auch nur von mexikanischer Seite aus.

Was dann die Union von Texas mit den südlichen Sklaven-
staaten und im Anschluß daran die Bildung einer neuen Konföde-
ration anbelangt, so ist dieser Ausweg weder in Texas mit Eifer
betrieben, noch jemals von dem „Süden" ernstlich diskutiert worden,
obwohl damals der Norden beständig mit einer Auflösung der Union
drohte. Diese Drohungen und die Furcht vor einem sofortigen Ver-
lust von Texas an England erregte freilich eine kleine Gärung in
Süd-Carolina und Tennessee; doch haben die wenigen Agitations-
versammlungen, die daraufhin abgehalten wurden, eine solche
Koalition nur als eine mögliche und erst in zweiter Linie kommende
Lösung vorgeschlagen.

3. Kapitel.

Die Frage der Unabhängigkeit.

Texas bemühte sich vielmehr stark, von den Vereinigten
Staaten eine Anerkennung seiner Unabhängigkeit zu erlangen.

Diese Bestrebungen wurden zwar anfangs von dem Präsidenten
Andrew Jackson mit Glück bekämpft, führten aber doch endlich zu
einem Ziel durch die geschlossene Kraft der durch Clay, Calhoun
und Webster vertretenen Opposition, an der Süd und Nord ungefähr
gleichmäßig beteiligt waren.

Nachdem die Anerkennung erlangt war, wählte Texas den
Gegner der Annektierung und Gegner der Sklaverei Lamar zum
Präsidenten und erhielt dadurch die Anerkennung seitens Frankreichs und Belgiens und eine Quasi-Anerkennung seitens Englands.
Lamars Verschwendungssucht und Mangel an Verwaltungsgeschick
führten aber zu großen Schulden und zu einem argen Defizit. Dies
hatte zur Folge, daß aus den nächsten Wahlen Houston zum zweiten
Male hervorging: Sein Programm war Annexion und Sparen. England hintertrieb jede Anleihe im Auslande. Ohne Geld und Kredit
konnte Texas seine Unabhängigkeit unmöglich behaupten; an Mexiko
zurückfallen wollte es nicht; die Vereinigten Stataen hatten keine
Lust, es zu annektieren; schon hoffte England, zugreifen zu können.
Aber Houstons zweite sparsame Verwaltung verringerte die Schuld
und brachte die Regierung auf eine finanziell haltbarere Grundlage.
Nach zwei Jahren hatte die fortgesetzte Gleichgültigkeit der Vereinigten Staaten zur Folge, daß in Texas Anson Jones, ein starker
Gegner der Annektierung, gewählt wurde; ihm gelang es, die Ein-
wanderung zu beleben, ausländisches Kapital heranzuziehen und die
Handelsbeziehungen mit dem Auslande zu festigen. Seine Amts-

periode bedeutete eine Rückkehr zu Lamars Politik, abgesehen von dessen Finanzwirtschaft.

Groß war der Zustrom der Einwanderer, geleitet unter Ermutigung Englands durch eine deutsche Auswanderungsgesellschaft, an deren Spitze meist Adlige standen. Dahinter steckte die Idee, deutsche Kolonien oder unabhängige deutsche Staaten zu gründen, die aber verschwand, sobald die Annektierung eine vollendete Tatsache war. Manche Einwanderer kamen auch aus Frankreich, England und anderen europäischen Staaten.

Aber alle diese Kontingente der verschiedensten Nationalitäten sympathisierten mit Englands Sklaverei-Abschaffungsplänen und stimmten darin untereinander und mit England überein, daß sie gegen die Annektierung waren, so verschieden auch ihre Hoffnungen waren, mochten sie nun unabhängige Staaten oder europäische Kolonien gründen wollen, oder auch nur einige Konzessionen von der texanischen Regierung zu erlangen wünschen. Die Annexion, das war klar, bedeutete das Ende aller dieser Träume.

4. Kapitel.
Die Vorbereitung der Annexion.

Zwei Perioden sind dabei zu unterscheiden:

1. Die Bemühungen von Texas, die Annexion zu erlangen, bis 1843, und
2. die Bemühungen der Vereinigten Staaten, sie zu vollziehen, von 1843—1845.

Texas, das zuerst tatsächlich einstimmig für Annektierung war, hörte mit seinen Bemühungen 1843 vollständig auf. Die Gründe liegen klar zu Tage:

Die Vereinigten Staaten zeigten sich gleichgültig; man hatte keine drückenden Schulden mehr und hoffte dauernde Anerkennung der Unabhängigkeit seitens Mexikos vermittelst der guten Dienste Englands zu erreichen, das seine Freundschaft eifrig antrug und täglich mehr an Einfluß gewann.

Andererseits wurden die Vereinigten Staaten, welche zuerst in gleichgültiger, ja selbst schroffer Weise das Entgegenkommen der Texaner zurückgewiesen hatten, von 1843 an mehr und mehr begierig, die Annektierung zu vollziehen. Auch hierfür sind die Gründe leicht zu ersehen.

Das Anwachsen von Englands Einfluß in Texas beunruhigte sie; nicht minder die Entdeckung eines Planes englischer und texanischer Abolitionisten, die Sklaverei in Texas abzuschaffen, welcher versteckt von der englischen Regierung ermutigt wurde. Die Folge waren Verhandlungen, die in der Korrespondenz Calhoun-Packenham ihren Niederschlag gefunden haben. Ein von den Vereinigten Staaten betriebener Vertrag wurde schließlich von der texanischen Regierung angenommen, aber im Juni 1844 durch eine Spaltung in der demokratischen Partei zu Falle gebracht.

5. Kapitel.

Streitfragen zwischen den Vereinigten Staaten und England.

In dem ersten halben Jahrhundert ihrer Geschichte richtete sich fast die ganze auswärtige Politik der Vereinigten Staaten gegen England. Die Hauptgründe der England feindlichen Stimmung waren folgende:

Einmal hatte der Krieg von 1812 geendet, ohne daß England formell seine Rechte auf „Durchsuchung und Beschlagnahme" aufgegeben hätte. Dann hatten sich die Engländer in fünf Fällen die Befreiung von Sklaven erlaubt an Bord amerikanischer Schiffe, die durch Sturm oder Meuterei in westindische Häfen getrieben worden waren („Encomium", „Comet", „Enterprise", „Creole", „Hermosa"), sie hatten ferner das Recht auf Durchsuchung und Beschlagnahme tatsächlich ausgeübt und den Dampfer „Carolina" auf der amerikanischen Seite des Erie-Sees verbrannt. Noch andere Mißhelligkeiten ergab der Fall „Mc Cloud", die Festsetzung der Nordost-Grenze zu Gunsten Kanadas und der schwebende Streit über Oregon. Schließlich gab es keinen Teil der Vereinigten Staaten, der nicht irgend eine bittere Beschwerde gegen England hatte. Maine war gezwungen worden, seine Grenzen einzuschränken, und New York sein Recht auf Staatsjurisdiktion. Die ganze Nordgrenze war empört über die Unmöglichkeit, Genugtuung für die Fälle „Carolina" und „Schlosser" zu erhalten (oder zu verlangen), während der Westen empört war, daß man England in dem Besitz von Oregon ließ, und der Süden zu seinem Ärger sehen mußte, wie die Sklaven in Nassau und Bermuda ohne Entschuldigung oder einen Ausdruck des Bedauerns befreit wurden.

6. Kapitel.

Die Beziehungen zwischen den Vereinigten Staaten und Mexiko.

Zunächst versuchten die Vereinigten Staaten Texas von Mexiko zu kaufen; die Initiative dabei ging aus von Clay, Adams und Jefferson; es ist bemerkenswert, daß keiner von ihnen Sklavereiinteressen vertrat.

Doch auch hier waren die Gegensätze zu stark, als daß eine Einigung hätte erzielt werden können. Mexikos Klagen gegen die Vereinigten Staaten gingen dahin, daß Mannschaften, Waffen und Munition aus den Vereinigten Staaten nach Texas gekommen seien, daß die Expedition Gaines als eine Verletzung der Neutralität anzusehen, und die Anerkennung der Unabhängigkeit Texas' seitens der Vereinigten Staaten ebenso widerrechtlich sei, wie die Besetzung von Monterey durch Kommodore Jones im Jahre 1843, daß endlich die Vereinigten Staaten die Annexion von Texas, einer rebellischen Provinz Mexikos, in Erwägung gezogen hätten.

Auf der anderen Seite ließen die Vereinigten Staaten es nicht an Gegenbeschuldigungen fehlen. Sie betonten namentlich die großen finanziellen Verluste seitens ihrer Bürger, wie auch die Beschimpfungen ihrer Konsuln und ihrer Flagge. Daß van Buren gerade hier nachgab, schädigte seine Aussichten für die Wiederwahl zum Präsidenten. Über diesen letzten Punkt kam es zu den ernstesten Differenzen. Mexikos anmaßende Haltung in allen diesen Fragen war darin begründet, daß es erwartete, wenn es seine Ansprüche an Texas den Engländern abtrat, diese als Bundesgenossen im Falle eines Krieges mit den Vereinigten Staaten zu gewinnen.

---

7. Kapitel.
Großbritannien und Texas.

Großbritannien hat sich in Jahrhunderte langer, konsequenter politischer und kommerzieller Arbeit zur größten See- und Kolonialmacht der Welt emporgeschwungen. Es war dabei für englische Staatsmänner niemals eine Frage, ob sie Rechte, Privilegien, Kolonien, kurz, Macht in jeder Schattierung in entlegenen Erdteilen erwerben sollten, sondern wie sie es tun sollten. Und nicht nur darin sahen sie die Kulturmission ihres Volkes, unter dem Deckmantel der „Zivilisation" eine Kontrolle über das Geschick der verschiedenen schwarzen, braunen, roten und gelben Rassen auszuüben; sie haben auch niemals eine übermäßige Bescheidenheit gezeigt, wenn es möglich schien, selbst arischen Völkern in der Lösung ihrer Regierungsprobleme zu helfen. Stets standen dabei die eigenen Interessen im Vordergrunde; eine fein entwickelte Diplomatie verstand es oft, sie zu verschleiern, hielt aber mit straffer Energie an ihnen fest: aus der Bahn ließ man sich nur lenken durch den unwiderstehlichen Zwang mißlicher Ereignisse. Vielleicht unterscheidet

Großbritannien sich in solcher Politik nur dadurch von anderen Nationen, daß es dieselben in Stärke und Gewandtheit übertrifft.

England sah nun in Texas ein weites, fruchtbares Land, von Mexiko durch Abfall getrennt und an die Vereinigten Staaten nur durch gemeinsame Abstammung gebunden, an seiner Spitze eine Regierung, die es mit einer großen Partei in den Vereinigten Staaten durch die Aufnahme der Sklavereiklausel in die Verfassung verdorben hatte und zur Aufrechterhaltung ihrer Unabhängigkeit und zur Bezahlung alter Schulden große Anleihen machen mußte. Für England ein äußerst günstiger Fall! Handelsvorteile winkten auf alle Fälle, wahrscheinlich auch eine Allianz, möglicherweise eine Kolonie. Es kam darauf an, sich in dem Lande selbst durch sofortige Erweisung von Freundlichkeit Einfluß zu verschaffen und die Antisklavereibewegung in den Vereinigten Staaten zu ermutigen, um dadurch die Kluft zwischen ihnen und Texas zu erweitern und gleichzeitig den Schein abzulenken, als handle man im eigenen Interesse. Der Preis der politischen Anerkennung mußte dann der völlige Bruch mit den Vereinigten Staaten werden, weitere finanzielle und diplomatische Unterstützung war von dauerndem Verzicht auf eigene Politik abhängig zu machen. Diese Sachlage erkannte man in Washington bald genug.

Schon im Mai 1836 äußerten in dem Senat der Vereinigten Staaten zwei Männer, die in persönlicher und politischer Beziehung sich diametral gegenüberstanden, Besorgnisse in dieser Richtung. Die Nachrichten von San Jacinto waren gerade eingelaufen. Calhoun bemerkte: „Die Südstaaten haben wegen ihrer Sklavenbevölkerung ein weitgehendes Interesse daran, dieses Land (Texas) daran zu verhindern, ihnen Schwierigkeiten zu bereiten". Und deutlicher noch formulierte Webster den Gedanken, der dieser Äußerung zu Grunde lag, als er sagte: „Ich hege keinen Zweifel, daß irgend eine europäische Regierung versuchen wird, sich Texas von der mexikanischen Regierung abtreten zu lassen"[1].

England war zweifellos die europäische Macht, an welche beide gedacht haben; etwas irrten sie nur darin, daß sie die Initiative ganz auf seiner Seite suchten: wenn England sich hineinmischte, so konnte es mit einem gewissen Recht behaupten, daß es von beiden kriegführenden Parteien dazu eingeladen worden sei.

Herr Gorostiza, mexikanischer Gesandter bei den Vereinigten Staaten im Jahre 1836, machte der britischen Regierung Vorstellungen

---

[1] Deb. of Cong. XII, p. 763.

des Inhalts, daß die Vereinigten Staaten sich bemühten, Texas zu erhalten, daß er selbst Gegner der Abtretung sei, und daß er alles, was in seinen Kräften stehe, aufbieten werde, sie von der Erwerbung abzubringen [2]).

Nicht so einwandfrei kam die texanische Bitte um Interzession zu stande. Von dem Kongreß in Texas wurde zwar im Mai 1837 eine Resolution angenommen, einen Vertreter nach England zu entsenden, um dort Anerkennung und Hilfe zu erwirken. Aber zweifellos hatte die Gegenwart eines britischen Agenten dazu beigetragen, daß diese Resolution gefaßt wurde. Wir haben ein direktes Zeugnis für die Anwesenheit eines solchen. Der bekannte Ornitholog I. I. Andubon schreibt in seinem Tagebuch unterm 4. Mai 1837: „Hier (bei General Houston) wurden wir dem Herrn Crawford vorgestellt, einem Agenten des britischen Gesandten in Mexiko, der in einer geheimen Mission gekommen war.“

Joseph Tucker Crawford, britischer Konsul in Tampas, war der vornehmste Gast bei der Amtseinführung Houstons und der Ton der Amtseinführungsadresse war darauf abgestimmt, ihm zu gefallen. Der Präsident berührte auch mit scharfen Worten die Ungerechtigkeit des afrikanischen Sklavenhandels [3]) und gab schließlich, wohl auch, um auf den britischen Unterhändler einen günstigen Eindruck zu machen, eine hinreißende Schilderung der Hilfsquellen von Texas und der wachsenden Möglichkeit, die Unabhängigkeit gegen die ganze Macht Mexikos aufrecht zu erhalten.

Der britische Vertreter genoß während dieses Besuches übrigens ein Schauspiel, das ihm zeigen konnte, was für wilde Verbündete seine Landsleute vielleicht bald haben würden und welche Kulturauf-

---

[2]) Nach Angabe des Herrn Reed aus Mass. v. 7. Mai 1836 im Hause des D. in C. p. 3528.

[3]) Lubbocks Memoiren p. 15. In derselben Richtung bewegen sich andere Maßnahmen Houstons. In seiner Botschaft an den Kongreß im Mai 1837 bezeichnete er den Sklavenhandel als entwürdigend und grausam und kündigte wirksame Maßregeln an, um die Einführung von Sklaven aus Kuba zu verhindern. — Bei den allgemeinen Bestimmungen der Verfassung, Abschnitt 9, wurde die Einführung und Zulassung von Afrikanern oder Negern in die Republik, mit Ausnahme von solchen aus den Vereinigten Staaten, für immer verboten und als Seeraub erklärt. — Durch Gesetz vom 21. Dezember 1836 wurde die Todesstrafe ohne geistlichen Zuspruch allen angedroht, die überführt würden, afrikanische Sklaven mit Ausnahme der vorstehend erwähnten eingeschmuggelt zu haben. Dieselbe Strafe sollte den treffen, der solche Sklaven aus den Vereinigten Staaten nach Texas brachte, die nicht schon vorher nach dort geltendem Rechte Sklaven gewesen wären.

gabe ihrer hier noch harrte: Als nämlich Anfang Mai 1837 verschiedene Indianerstämme in der Nähe von Houston gelagert hatten, wurde eine „große Besprechung" mit dem Präsidenten in Szene gesetzt und auch Herr Crawford eingeladen, mit dem Kabinett daran teilzunehmen. Unter den Aufführungen befand sich auch ein großer Kriegstanz [4]).

Herr Crawford war über seine Aufnahme nicht wenig erfreut, und rasch knüpften sich freundschaftliche Beziehungen zwischen den beiden Ländern. Sie fanden ihren ersten öffentlichen Ausdruck auf texanischer Seite. Es kam um diese Zeit ein britisches Schiff, die „Aquas", in Galveston an, mit einer Anzahl Auswanderer unter Führung eines Herrn Iken aus Bremen, der von einem Herrn Woodwar wertlose Besitztitel über viele Ländereien in Texas gekauft hatte. Der texanische Kongreß gewährte den unglücklichen Auswanderern auf Empfehlung einer zu Galveston abgehaltenen öffentlichen Versammlung große Landschenkungen außer dem ihnen pro Kopf zustehenden Quantum [5]). Auf der anderen Seite wurde das Interesse Englands lebhaft erweckt durch eine Arbeit von Wm. Kennedy (dem späteren britischen Konsul in Galveston) über Aufschwung, Fortschritt und Aussichten der Republik Texas [6]). Herr Kennedy besuchte Texas im Jahre 1839, um historisches und statistisches Material zu sammeln, und sein Buch, das in demselben Jahre erschien, trug dazu bei, daß seine Regierung die junge Republik anerkannte. Die Texaner waren darüber so erfreut, daß der Kongreß eine Dankadresse an den Verfasser beschloß. Das Werk hatte nicht nur Einfluß auf die Regierung, sondern zeitigte auch eine so große Auswanderung, daß Milliard, ein englischer Abolitionist, zur Bekämpfung dieser „schrecklichen Neigung zur Auswanderung" eine Schrift veröffentlichte, die Ashbel Smith sehr treffend als eine 500 Seiten lange Schmähschrift auf Texas und seine Bewohner kennzeichnet [7]).

---

[4]) Lubbocks Memoiren pp. 51, 52. Valdes berichtet, die indianische Bevölkerung in Texas hätte sich auf 77795 Köpfe belaufen, wozu noch die Cherokesen und andere Stämme hinzuzurechnen sind, die erst nach dem Census von 1831 in Texas einrückten. Vergl. Milliards History of the Republic of Texas, Appendix p.510.

[5]) Milliard p. 502.

[6]) „Rise, Progress and Prospects of the Republic of Texas", 2 Bände 8°, London 1839: sie sind selten geworden.

[7]) s. A. 4. Der Autor kennzeichnet seine Tendenz selbst deutlich genug: „Aber die Regierung wurde während der ganzen Beratung der texanischen Frage zu falschen Schlüssen verleitet durch die groben Vorspiegelungen der bezahlten Fürsprecher Texas', und dies mein Herr, ist im wesentlichen in einem kürzlich erschienenen antienglischen Werke bestätigt worden, dessen offenkundige Tendenz es ist, die

Aus diesen Büchern und privaten Quellen sowohl, als auch aus den Darlegungen der Geschäftsträger auf beiden Seiten konnte sich England genau genug orientieren, um seine Politik sachgemäß zu leiten.

Dreierlei wünschte nun Texas von England, nämlich: Anerkennung, Handelsverträge und Geld für die Staatsschulden. England war bereit, ihm diese drei Dinge unter gewissen Bedingungen zu gewähren.

General Henderson war in besonderer Mission nach England gesandt worden, um zunächst die Anerkennung durchzusetzen. Nicht ohne Erfolg: Lord Palmerston verpflichtete sich, indirekt die Unabhängigkeit von Texas anzuerkennen, sobald der Vorschlag der Angliederung an die Vereinigten Staaten in Washington endgültig zurückgezogen sei. Im übrigen mahnte man zur Vorsicht: Der gesetzgebenden Versammlung las Mr. Jones Auszüge aus einem der Berichte Hendersons vor, in welchem das Wohlwollen der britischen Regierung für die Republik zwar zum Ausdruck gelangte, aber doch betont wurde, daß man in England die Kraft der Republik, sich ihre Unabhängigkeit zu bewahren, bezweifle, während man andererseits nicht an die Möglichkeit einer Annektierung durch die Vereinigten Staaten glauben wolle, da sie einen Krieg mit Mexiko zur unmittelbaren Folge haben würde. Das Wesentliche in den britischen Wünschen aber blieb der Bruch mit der Union:

„England hätte eine Interesse daran, Texas von Mexiko zu trennen, würde aber niemals die Unabhängigkeit anerkennen, solange man fortfahre, Anschluß an die Vereinigten Staaten zu suchen“[8]). Diese energische Formulierung blieb nicht ohne Wirkung. Nach langen Debatten wurde ziemlich einstimmig die Zurückziehung des Annektierungsgesuches beschlossen, wahrscheinlich mit dem Hintergedanken, daß es schon, falls es nötig wäre, wiederholt werden könnte, sich inzwischen vielleicht aber Lord Palmerstons Bedenken heben ließen.

Was nun den Handelsvertrag anbetrifft, so mußten die Vorteile dabei vorwiegend auf Englands Seite fallen. Die britische Regierung

---

britische Regierung noch weiter zu täuschen und das Volk zur Auswanderung von diesem Lande nach den Sümpfen von Texas zu veranlassen, wo sie gegen Mexiko zu kämpfen hätte. Um dieser schrecklichen Neigung entgegenzutreten, habe ich es nach langem Sträuben auf mich genommen, ein Werk über Texas zu schreiben, und zwar auf Grund persönlicher Beobachtung, da ich 5 Monate lang das Innere des Landes erforscht und jederlei Kenntnis über die soziale Lage und die allgemeinen Hilfsquellen des Volkes gesammelt habe.“ Milliard p. 512.

[8]) Proceedings of Texas Legislature Bd. II p. 39; Milliard p. 152.

war, wie wir gesehen haben, über die wirtschaftlichen Verhältnisse
in Texas gut unterrichtet; sie erhielt jetzt noch andere Informationen und zwar auf einem interessanten Umwege. Anson Jones
sandte im April 1839 ein Memorandum an Lord Palmerston, durch
Vermittlung des Hon. C. Hughes, amerikanischen Vertreters zu
Stockholm und ältesten Diplomaten Europas, über die voraussichtliche Bedeutung von Texas vom landwirtschaftlichen Gesichtspunkte
aus und legte darin ausführlich dar, in welcher Weise Texas
den Handels- und Fabrikations-Interessen Englands nützlich sein
könnte[9].

Die Sachen lagen für England sehr günstig. Es war deutlich
vorauszusehen, daß Texas, ein Ackerbau treibender Staat, hauptsächlich ein bedeutender Abnehmer fremder Industrie-Erzeugnisse
werden mußte, während die eigene Produktion von Rohmaterial,
besonders von Baumwolle, Englands Bedarfsartikel, unermeßlich
schien. Außerdem war die notorische Neigung der Texaner zu
Freihandelsprinzipien ein Grund mehr für diese Großmacht, freundschaftlich die Hand einem Staate zu reichen, der zwar jung war,
aber mit der Zeit erstarken mußte. Vor allem wünschte England
in Texas einen Markt für seine Waren zu finden, „ohne erst über
den Zolltarif der Vereinigten Staaten steigen zu müssen"[10].

Der Vertrag würde demzufolge sofort unterzeichnet worden
sein, hätte nicht Mexiko an England ungeheuer große Summen geschuldet. Wenn nun Mexiko mit den Einkünften aus Texas eins
seiner bedeutendsten Zahlungsmittel einbüßte, und Englands Anerkennung die Unabhängigkeit dieses Landes sicherte, so konnte
Mexiko mit Recht geltend machen, daß England selbst ihm die Bezahlung seiner Schulden unmöglich mache. Und ein Handelsvertrag
bildete eine Anerkennung. Was konnte England tun, um nach
beiden Seiten hin seine Interessen und Ansprüche wahrzunehmen?
Der Ausweg fiel der englischen Diplomatie nicht schwer. Palmerston
veranlaßte zunächst Texas, seine Vermittlung nachzusuchen, und
zwang es dadurch anzuerkennen, daß es noch nicht frei sei; dann
brachte er sogar eine Klausel in den Vertrag, daß England so lange
Texas als einen Teil von Mexiko betrachten würde, bis Mexiko
formell die neue Republik anerkannt haben würde. Texas verleugnete allerdings seine eigene Unabhängigkeitserklärung, wenn
es sich einer derartigen Bedingung unterwarf, aber es unterwarf

---

[9] Anson Jones' Memoiren. (Tagebuch.)

[10] Dies waren Lord Aberdeens Worte zu Ashbel Smith, dem texanischen
Gesandten in England und Frankreich im Jahre 1842.

sich ihr in der Tat und es änderte daran nichts, daß man es eine „Handels-Entente" nannte[11]).

Aber Texas war willens, noch mehr als dies zu tun. Es war bereit, die mexikanischen Schulden an England zu bezahlen, um Mexikos Ansprüchen wenigstens die Spitze abzubrechen, wenn sie auch dadurch nicht beseitigt würden. Dies führt uns zu den Bedingungen für die Anleihe.

Wie erwähnt, hatte Texas außer General Henderson, dem Vertreter seiner Unabhängigkeitswünsche, noch einen besonderen Unterhändler ernannt zum Zwecke der Beschaffung einer Anleihe: General Hamilton. Ueber seine Tätigkeit außerhalb Englands haben wir bereits berichtet. Bald nachdem er in London eingetroffen war, ließ er sich auf Verhandlungen mit der britischen Regierung ein, deren Ergebnis eine Konvention war, nach der Texas eine Million Pfund der mexikanischen Staatsschuld an englische Gläubiger übernehmen sollte, unter der Bedingung, daß Mexiko innerhalb 30 Tagen nach der Ratifizierung seine Unabhängigkeit anerkennen würde. Hierfür sollte England die Garantie übernehmen, Texas 50 Jahre Frist zur Bezahlung dieser Schuld bekommen[12]).

Es mag befremden, daß Hamilton seinen Staat von einer Schuld von 5 Millionen Dollars dadurch zu befreien versuchte, daß er ihm eine zweite von gleichem Umfange auflud, aber da das einzige Hindernis, in Paris, Brüssel oder London Geld aufzutreiben, darin bestand, daß Mexiko so oft und immer wieder mit Invasion gedroht hatte, so mußte er es beseitigen; dann waren alle gewünschten Gelder zu haben. Die Gewährung der Anleihe in England wurde eben von der Anerkennung der Selbständigkeit Texas seitens Mexikos abhängig gemacht, und dies dem General sehr deutlich zu verstehen gegeben. Er hatte noch den Ausweg direkter Verhandlung mit Mexiko. Noch vom Bord des Schiffes, auf dem er von England zurückkehrte, bot er Santa Anna schriftlich an, für

---

[11]) „Durch James Pinckney Henderson hat General Houston eine Handelsentente mit England und Frankreich abgeschlossen, kraft deren Handel getrieben werden konnte. Texas sollte die Rechte einer kriegführenden Macht in den festen Plätzen dieser Länder genießen, alle Rechte, die gewöhnlich eingeräumt werden, ausschließlich einer Anerkennung der Unabhängigkeit." B. vol. I p. 143.

[12]) Die Galveston-Zeitung vom 4. Februar 1841 sagt: Der Kongreß vertagte sich am 4. Der Geheimvertrag mit England garantiert Friede zwischen Mexiko und Texas innerhalb 30 Tagen nach Eintreffen der jetzt geschlossenen Ratifikation in der Hauptstadt von Mexiko. Texas willigt ein, an England binnen 50 Jahren als seinen Anteil an der mexikanischen Staatsschuld £ 1 000 000 zu zahlen.

5 Millionen Dollars die Anerkennung der Unabhängigkeit und der Grenzlinien Texas' von Mexiko zu kaufen, außerdem 200 000 Dollars zur Bestechung der Agenten der mexikanischen Regierung zu spenden[13]).

Santa Anna wies dies mit einem großen Aufwand an moralischer Entrüstung zurück und veröffentlichte den „vertraulichen" Brief. Trotzdem ist es nicht ganz ausgeschlossen, wie Milliard behauptet — dem freilich die Verantwortung dafür überlassen bleiben muß — daß die mexikanische Regierung durch ihre Agenten in London in diese Erörterungen eingeweiht, und in der Tat ein Abkommen nach drei Seiten hin zwischen Texas, England und Mexiko getroffen worden war. Großbritannien konnte sicherlich nichts dagegen haben, daß Mexiko selbst zugezogen wurde, und nur so wird der Brief Hamiltons an Santa Anna recht verständlich, in dem er sich übrigens, um den Anschein des Offiziellen zu vermeiden, als ein Bürger der Vereinigten Staaten unterzeichnete. Immerhin konnte er auf alle Fälle denken, es würde billiger sein, sich direkt von Mexiko loszukaufen, als durch Englands Vermittelung, oder er mochte auch von der kräftigen Opposition seitens der „British and Foreign Anti-slavery Society" beeinflußt worden sein.

Mit den von England gestellten Bedingungen war Hamilton im übrigen einverstanden und so wurden die darauf basierenden Verträge zwischen Großbritannien und Texas am 13., 14. und 16. November 1840 unterzeichnet. Die englische Initiative wird darin betont, natürlich um der Vereinigten Staaten willen, denen gegenüber Texas das Odium nicht auf sich nehmen wollte, zuerst die Hand geboten zu haben. Der Eingang des einen Vertrages lautet: „Ihre Majestät die Königin, von dem Wunsche beseelt, den Feindseligkeiten zwischen Mexiko und Texas ein Ende zu bereiten, hat den streitenden Parteien ihre guten Dienste angeboten etc."

Im ersten Vertrage verpflichtete sich die Republik Texas, falls durch Vermittelung Ihrer Großbritannischen Majestät ein unbegrenzter Waffenstillstand zwischen Mexiko und Texas binnen 30 Tagen, und binnen sechs Monaten der Friede geschlossen sei, eine Million Pfund der auswärtigen, vor dem 1. Januar 1835 kontrahierten Schuld der Republik Mexiko zu übernehmen.

Im ersten Artikel des nächsten Vertrages wurde gegenseitige

---

[13]) „200 000 Dollars, die im Geheimen zur Verfügung der Agenten der mexikanischen Regierung gestellt werden sollten"; s. Folsom, Mexico, Appendix.

[14]) Vgl. Holtz II 524—525 und Niles LXII 50—68.

[15]) Milliard 160 et seq.

Handels- und Schiffahrtsfreiheit bestimmt, und im dritten britischen Kaufleuten in Texas Geschäfte zu betreiben und britischen Kriegsschiffen frei alle Häfen anzulaufen gestattet.

Der dritte Vertrag gewährte England das Recht der Durchsuchung in ebenso wirksamer Weise und in noch härterer Formulierung als der berühmte „Quintuple-Vertrag", auf den er sich berief. Er schuf diese Berechtigung für den Golf von Mexiko und für den Fall, daß jemals eine der Parteien Grund haben sollte, zu argwöhnen, daß ein Schiff beim Sklavenhandel beteiligt sei oder auch nur gewesen sei, gleichviel, ob es die Flagge von Texas führe oder nicht[16]).

Die Konvention und die Verträge wurden von Texas im Februar 1841 (Henderson war im Winter 1839/40 nach Texas zurückgekehrt und hatte General McIntosh, Legationssekretär, mit der Führung der Geschäfte betraut) ratifiziert. Zuerst wurde der Vertrag ausgewechselt, kraft dessen beiden Parteien das gegenseitige Durchsuchungsrecht für die Unterdrückung des afrikanischen Sklavenhandels gewährleistet worden war[17]). Ashbel Smith, der neue texanische Gesandte in London, trat dann im April 1842 sein Amt an und überbrachte die ratifizierten Abschriften der beiden anderen Übereinkommen, die nach einiger Verzögerung von Lord Aberdeen trotz des Einspruchs der Opposition ausgetauscht wurden.

Man fragt natürlich, warum denn zu gleicher Zeit drei Verträge geschlossen wurden, statt eines, der alle drei Punkte in sich schloß. Die Antwort liegt nahe genug: Großbritannien wünschte nicht, seine Handelsinteressen einer Frage wegen aufs Spiel zu setzen, die am Ende Mexiko allein zu entscheiden hatte, wie groß auch immer sein Einfluß auf dieses Land sein mochte. Wenn die Bedingungen des ersten Vertrages nicht erfüllt werden konnten, so hatte es doch immer von Texas eine Quasi-Anerkennung der staatsrechtlichen Tatsache erlangt, daß es noch zu Mexiko gehöre, oder zum mindesten noch für einen Teil von Mexikos Schuld verantwortlich gemacht werden könne. Dieser Punkt wurde in der englischen Presse, wie auch besonders in der Korrespondenz zwischen Lord Palmerston und der britischen und ausländischen Antisklaverei-Gesellschaft nach

---

[16]) Es ist interessant, daß General Cass, der Gesandte der Vereinigten Staaten, Frankreich veranlaßt hatte, die Ratifizierung des Quintuple-Vertrages zu verweigern; vgl. Walkers Rede pp. 16, 17, 18. — Die Originalverträge im Staatsdepartement zu Austin (Texas) sind von mir eingesehen worden.

[17]) Milliard's Hist. Rep. Tex. 180—92, 411—29; Smith's Reminiscenses of the Texas Republic 33, 38; Bustamente, Cabinete Mexico II, 7—14.

allen Seiten hin besprochen[18]). Man hatte dann wenigstens eine Begründung zukünftiger englischer Ansprüche gegen Texas, und die nächste direkte Forderung von $ 5 000 000 war eine nicht zu verachtende Handhabe, um kommerziellen und politischen Druck auszuüben. Gleichzeitig blieben die Ansprüche an Mexiko bestehen, das wiederum, wenn es Texas frei gab, wirtschaftlich geschwächt und dadurch dem englischen Einflusse mehr ausgesetzt wurde. In keinem Fall konnte England etwas verlieren.

Der zweite Vertrag bedarf keines Kommentars: er sicherte die Vorherrschaft des englischen Handels und bedeutete eine nicht unbeträchtliche Ausbreitung der politischen Macht durch das Recht, die Küste des Golfs von Mexiko durch Kriegsschiffe kontrollieren zu lassen.

Der dritte legte Texas' Haltung zum Sklavenhandel fest und band es in einer Weise, wie sich die Vereinigten Staaten, Frankreich und alle anderen Länder nicht hatten binden lassen wollen.[19]) Das war wiederum ein großer politischer und handelspolitischer Gewinn Englands, und größer noch war, darüber wird man sich nicht täuschen dürfen, die indirekte Erweiterung der englischen Einflußsphäre: es war vor allem ein moralischer Sieg: ein Schlag gegen den Sklavenhandel war auch ein Schlag gegen die Sklaverei selbst. Auch mit solchen Dingen verstand England wohl zu rechnen. Wie so oft in der Geschichte waren auch hier reale und ideale Interessen und Tendenzen unlösbar miteinander verschmolzen: beide wurden durch diesen Vertrag gefördert, und beide bedeuteten schließlich Machtzuwachs. Doch bedarf Englands Haltung in der Sklavenfrage noch einer speziellen Erörterung.

Nur noch Mexikos Einwilligung stand zwischen England und seinem Ziel. Die Annexionsvorschläge waren von Texas zurückgezogen worden. Adams in den Vereinigten Staaten bemühte sich in heftiger Agitation, das Volk zu überzeugen, daß die angeschnittenen Fragen Partei- und Sklavenfragen wären. Die Tische des

---

[18]) Vgl. das letzte Kapitel Milliards. Jn diesen wortreichen Diskussionen wurde der Präzedenzfall der Losreißung der Vereinigten Staaten lebhaft erörtert. Man führte lange Beweise, daß sie nicht für die englische Staatsschuld verantwortlich gemacht worden seien; auf der anderen Seite wies man nach, daß England damals schuldenfrei gewesen sei; wäre dies nicht der Fall gewesen, so hätte die Union ihren Anteil daran tragen müssen, umsomehr, da englische Schulden nur im Interesse der Kolonien hätten kontrahiert sein können!

[19]) Die Vereinigten Staaten hatten den Krieg von 1812 teilweise wegen einiger dieser Punkte geführt und Frankreich verhindert, den Quintuple-Vertrag zu unterzeichnen.

Kongresses der Vereinigten Staaten wurden auf seine Veranlassung hin mit Antisklaverei-Petitionen überschwemmt, die oft auf recht klägliche Art zustande gekommen waren; manche wiesen nur wenige Unterschriften auf, dazu solche von Frauen und Kindern. Texas fuhr ganz im englischen Fahrwasser. Mexikos wahre Interessen lagen augenscheinlich in derselben Richtung: Texas schien unter allen Umständen unwiederbringlich verloren, und die Verminderung seiner Schuld um 5 000 000 Dollars bot offenbar einen nutzbringenden und ehrenvollen Ausweg, das aufzugeben, was man nicht länger behaupten konnte. Aber es gibt Unterströmungen in der praktischen Politik, die auch die Berechnungen des geschicktesten Staatsmannes umstürzen. Solche traten hier in die Erscheinung.

Texas hatte einen Geheimagenten in Mexiko, der schon 1840, unter den Auspizien von Packenham, dem dortigen englischen Gesandten, der Regierung die Grundzüge eines Friedensvertrages vorgelegt hatte. Außerdem hatte sich Packenham selbst als Vermittler angeboten. Vertrag und Anerbieten waren beide von Mexiko verworfen worden [20]).

Im Jahre 1841 beauftragte nun die englische Regierung, ohne auf den Austausch jener Ratifikationen zu warten, offiziell Packenham, der mexikanischen Regierung das Anerbieten Großbritanniens zu unterbreiten, zwischen Mexiko und Texas zu vermitteln, und dieser sandte Herrn Burnley, mit einem Einführungsschreiben von Lord Palmerston versehen, nach Mexiko, um als Unterhändler für Texas zu fungieren. Außerdem wurde von Texas selbst James Webb als Bevollmächtigter zur Eröffnung und Leitung der Verhandlungen gesandt. Aber weder der texanische Bevollmächtigte, noch der britische Vermittler wurden angenommen. Mexiko lehnte kurzer Hand jede Vermittlung ab, solange nicht Texas seinen Anspruch auf Unabhängigkeit fallen gelassen hätte [21]). Und so fiel damit auch der erste jener Verträge; Englands Hoffnungen wurden sehr herabgestimmt, wenn es auch nicht, wie wir sehen werden, darum in seinen Bemühungen nachließ.

Woher aber dieser Fehlschlag? diese Starrheit auf seiten Mexikos? War es mit Blindheit geschlagen? Die Erklärung liegt in den Schwankungen der inneren Politik. Der Stern des vielgewandten Santa Anna war wieder im Aufsteigen begriffen. Damals schrieb ihm Hamilton, dessen Politik durch frühere mündliche und schriftliche Äußerungen und namentlich seinen Besuch bei Jackson in der Richtung

---

[20]) Ban. p. 340.
[21]) Bustamente, Mex. II, 11—12; Young's Hist. Mex. 305; Tx. Col. Doc. 405.

auf Loslösung des „gebrochenen Flügels Mexikos" festgelegt zu sein
schien, jenen Brief, worin er ihm anbot, direkt Texas' Unabhängigkeit zu kaufen. Aber gerade dieser Brief war die Ursache oder
besser der Ausgangspunkt für das Nichtgelingen. Santa Annas
Niederlage in Texas und seine Bereitwilligkeit, dies Land aufzugeben, hatten ihn so unpopulär gemacht, daß er trotz seiner Tapfer-
keit bei Vera Cruz gezwungen worden war, den Präsidentenstuhl
mit der Verbannung in Kuba zu vertauschen. Sollte er nun seine
Popularität, die jetzt nach so langer Zeit wieder im Steigen begriffen
war, dadurch aufs Spiel setzen, daß er wieder die Abtretung von
Texas befürwortete? — Sicher nicht mit solchen Trümpfen in der
Hand, wie ihm Hamiltons unvorsichtiger Brief freiwillig dargeboten
hatte. Im Gegenteil. Er fachte seine Popularität zu lichten Flammen
an durch Veröffentlichung des Briefes und erhob sich zum Präsidenten auf Grund des Programmes, daß Texas niemals aufgegeben
werden dürfe. Einem wohlgeschulten englischen Diplomaten wäre
der Mißgriff Hamiltons nicht passiert: er hätte gewartet, bis Santa
Anna Präsident war, ehe er ein Einlenken in die alten Bahnen bei
ihm vorausgesetzt hätte.

Wir kommen nunmehr zu der Erörterung des schwierigsten
und umstrittensten Punktes in dem Annexionsproblem: Wie stand
England zur Sklavenfrage in Texas? Was tat es, hat es überhaupt
etwas getan, um die Sklaverei hier abzuschaffen? Die bisherige
Forschung vertritt darin sehr entgegengesetzte Ansichten. Benton
will nicht glauben, daß England sich überhaupt dafür interessiert
hätte, sondern nimmt mit der öffentlichen Meinung in den Vereinigten
Staaten an, daß die maßlose Agitation in diesem Sinne ganz und
gar eine Intrige Calhouns war, um sich die Kandidatur für die
Präsidentenwürde zu sichern[22]). Holst gibt zwar zu, daß Benton
ein sehr parteiischer Zeuge ist[23]), ist aber doch geneigt, sich ihm an-
zuschließen, aber leider steht er auf einem so stark abolitionistischen
Standpunkt, daß er einem Manne wie Calhoun überhaupt nicht
gerecht werden kann. Ashbel Smith[24]) und Bancroft[25]) dagegen

---

[22]) Ben. II, 599.

[23]) Calhoun leugnete 1846 in öffentlicher Senatssitzung, jemals Kandidat
für die Präsidentschaft gewesen zu sein, und forderte seine Widersacher auf, es
ihm zu beweisen; sie lehnten aber diese Herausforderung vorsichtig ab.

[24]) Rem. Tex. Rep. 58.

[25]) „Es ist Tatsache, daß es die British and Foreign-Anti-Slavery-Society
in London und nicht das englische Kabinett war, das den Spektakel verursachte

machen allein die Antisklaverei-Gesellschaft verantwortlich. Yoakum versichert wiederum, daß der britische Geschäftsträger in Mexiko positive Instruktionen zur Erreichung dieses Zweckes hatte. Brown endlich sagt mehr vorsichtig als scharfsinnig: „Großbritannien widersetzte sich der Annexion, da es durch Texas eine frühere Bezahlung seiner Ansprüche gegen Mexiko zu erreichen hoffte, außerdem das monarchische Gebiet diesseits des Ozeans erweitern und seine eigenen Handelsvorteile im Golf von Mexiko vergrößern und auch, so arg-wöhnte man wenigstens, das Gebiet der Sklaverei vermindern wollte." Denn monarchisches Gebiet in Texas konnte nur durch Abschaffung der Sklaverei geschaffen werden. Das hatten Webster und Calhoun sofort gesehen. Die damaligen Zeitungen in Texas, den Vereinigten Staaten und Europa betonten es fortgesetzt. Und es lag in der Natur der Sache. Die englische Politik konnte nicht zweifelhaft sein.

Rekapitulieren wir: Mochte man die Sklaverei dulden oder abschaffen wollen, eine Opposition wurde in den Vereinigten Staaten doch hervorgerufen. Nun war sie freilich in die texanische Verfassung als unabänderlich eingefügt worden, aber da nach seinen Gesetzen England keine Sklavereigebiete haben durfte, so stand und fiel die Hoffnung, Texas als Kolonie zu erwerben, mit der Aussicht, die Sklaverei abzuschaffen. Je mehr man nun in England gegen die Sklaverei agitierte, um so weniger, so konnte man voraussetzen, würde man es in den Vereinigten Staaten tun. Die britische Regierung also mußte, um allen Anschein, als verbinde sie politische Erwerbungspläne mit der Agitation, die Abolitionisten im eigenen Lande offiziell niederhalten, dagegen lag es in ihrem Interesse, sie in den Vereinigten Staaten zu ermutigen. Man wollte also die öffentliche Meinung in den Vereinigten Staaten für die speziell britischen Ziele arbeiten lassen. Es wäre ferner unpolitisch gewesen, die Abschaffung der Sklaverei der texanischen Regierung vorzuschlagen, ehe man ihr nicht einen Dienst durch Anerkennung der Unabhängigkeit geleistet oder einen Anspruch als Gläubiger erworben hatte, und vor allem, ehe nicht die Möglichkeit einer Annexion durch die Vereinigten Staaten ausgeschlossen war. Es wäre noch unpolitischer gewesen, Handels- und Freundschaftsverträge

---

und in den Vereinigten Staaten diese Erbitterung gegen England erweckte. Es waren die sich in alles einmischenden Mitglieder dieser Gesellschaft, die die Annexion beschleunigten"; derselbe Autor behauptet mit Unrecht, daß die englische Regierung weder Sympathie noch Achtung für sie hatte. Siehe Rem. Tex. Rep. 49—58.

von dem unsicheren Ausgang der Sklavereifrage abhängig zu machen. Großbritannien konnte daher recht wohl auf Interpellation seitens der Vereinigten Staaten oder Texas' jede Absicht bestreiten, diese Frage zu einer Vorbedingung für Handelsbeziehungen oder gegenseitige Hilfeleistung zu machen. Aber es war ein Meisterstück der Politik, wenn Mexiko dazu veranlaßt werden konnte, Nichtannexion und Abschaffung der Sklaverei zu Bedingungen für die Anerkennung zu machen. Tatsächlich war nur das erstere nötig, da es das zweite zur Folge haben mußte. Mexiko machte tatsächlich auch nur das erste zur Bedingung, aber wir haben Beweise davon, daß Großbritannien versuchte, es auch zum zweiten zu veranlassen. War nun die Annexion ausgeschlossen und stand Texas mit 5 000 000 Dollars in Englands Schuld, was war einfacher, als die Schuld durch die Freilassung der bereits in Texas befindlichen Sklaven zu amortisieren? Die britischen Minister haben diese Lösung fraglos reiflich erwogen.

Die Sache kam auf folgende Weise zur öffentlichen Kenntnis. In London war im Jahre 1843 ein Herr Duff Green aus Maryland, ein in seinem Heimatsstaate ziemlich angesehener Politiker; er hörte von dem Plan, die Sklaven in Texas zur Förderung der britischen Interessen aufzukaufen und in Freiheit zu setzen. Er war so fest überzeugt von der Gefährlichkeit dieser Idee für die Vereinigten Staaten, daß er sie sofort an Mr. Upshur, den Staatssekretär der Vereinigten Staaten, mitteilte. Dieser hielt die Sache für wichtig genug, sie sofort an Mr. Murphy, den Konsul der Vereinigten Staaten in Texas, folgendermaßen weiterzugeben:

Washington, Staatsdepartement, 8. August 1843. Ein Brief von einem Privatmann, Bürger aus Maryland[26]), zur Zeit in London, enthält folgenden Passus:

„Ich erfahre von ganz vertrauenswürdiger Seite, daß hier jetzt ein Herr Andrews ist, abgesandt von den texanischen Abolitionisten, um mit der britischen Regierung zu unterhandeln; daß dieser Herr Lord Aberdeen gesprochen und ihm seinen Plan zur Abschaffung der Sklaverei in Texas vorgelegt hat. Derselbe zielt dahin, daß in England eine Gesellschaft organisiert werde, die eine genügende Summe für den Loskauf der jetzt in Texas anwesenden Sklaven vorschießt und als Bezahlung Ländereien in Texas erhält; die Summe soll zur Entschädigung für die Abschaffung der Sklaverei dienen, und ich bin von dem texanischen Gesandten

---

[26]) Duff Green.

ermächtigt [27]), Ihnen zu sagen, daß Lord Aberdeen damit einverstanden ist, und daß die englische Regierung die Zins-
zahlung für diese Anleihe garantieren will, unter der Bedingung, daß die texanische Regierung die Sklaverei abschaffen
wird."

Gezeichnet: Upshur, Staatssekretär der Vereinigten Staaten.

Der amerikanische Gesandte in Texas wurde ersucht, die
Sache zu prüfen; seine Antwort und die Korrespondenz zwischen
dem Staatssekretär und der englischen Regierung sind im Anhang
gedruckt.

Seitdem waren alle Vertreter der Vereinigten Staaten in Texas
völlig von Großbritanniens Absichten, das Land in Besitz zu nehmen,
überzeugt. Nach Murphys Tod [28]) trat Duff Green an seine Stelle
und er, der erste Entdecker der englischen Pläne, war auch das
Werkzeug ihrer endlichen Niederlage im Jahre 1845.

In den Jahren 1843—44 galten der britische Geschäftsträger
Doyle und Charles Elliott, Kapitän der britischen Marine, als die
Beauftragten in dieser Angelegenheit. Doyle war, nach einer Notiz
Yoakums, direkt angewiesen, Mexiko eine Schlichtung der Schwierig-
keiten mit Texas auf der Basis der Sklavenemanzipation anzubieten.
Der texanische Vertreter in London, Ashbel Smith, wurde in diese
Verhandlungen nicht eingeweiht; um so weniger, als er ein Freund
der Sklaverei war. Auf eine Anfrage in dieser Richtung mußte er
sich bei der gewundenen Antwort beruhigen: „Doyle" sage, er hätte
keine solche Instruktion erhalten und besäße überhaupt in diesen
Dingen keinerlei Instruktion [29]). Das entsprach vielleicht den Tatsachen, aber die Begriffe sind dehnbar und eine weite Kluft liegt
zwischen dem, was Diplomaten diskutieren sollen, und dem, wozu
sie förmliche „Instruktionen" haben [30]). Wir wissen nur, daß die
Mitteilungen zwischen Großbritannien, Mexiko und Texas zahlreich
waren und sehr geheim gehalten wurden. Man bemerkte auch, daß
das englische Schiff „Scylla" häufig zwischen Vera Cruz und Gal-

---

[27]) Dieser Punkt der Mitteilung ist fast sicher unrichtig, Ashbel Smith,
Texas' Vertreter in London, war entschieden für die Sklaverei und sehr erbittert
gegen die Abolitionisten in seiner Heimat und in England. Vgl. seine Reminiscenses of the Tex. Rep. pp. 50—56. Er behauptet, der englische Minister hätte
nichts mit der Sache zu tun gehabt.

[28]) Er starb 1842 in Galveston und wurde dort begraben.

[29]) Rem. of the Tex. Rep. 58.

[30]) Ich kann aber keinen aktenmäßigen Beweis dafür finden, daß dies
Gegenstand der Diskussion war.

veston hin und her fuhr und oft als Passagier Herrn Kapitän Charles
Elliott hatte, dessen Mission im engen Zusammenhang mit den
schwebenden texanischen Fragen stehen mußte, und von deren an-
nexionsfeindlicher Tendenz man in den Vereinigten Staaten überzeugt war.

War aber die Sklavenfrage wirklich so wichtig für Texas?
Die in dieser Zeit einwandernden Kolonisten waren fast durchweg
Europäer. Die Zahl der Sklaven und Sklavenhalter vermehrte sich
nicht im Verhältnis zu dem Rest der Bevölkerung, und in Texas
hatte es immer eine Partei gegeben, zu der auch die Begründer der
Kolonie (die Austins) und General Lamar gehörten, welche Gegner
der Sklaverei waren. Wie wir gesehen haben, machte diese Partei
in dieser Sache zuerst England Vorschläge und sie verband damit
wohl auch weitere Ziele: der Expräsident Mirabeau B. Lamar soll
an Freunde in Georgia geschrieben haben[31]): „Die Antisklavereipartei in Texas wird die Oberhand gewinnen und vielleicht nicht
nur durch eine verfassungsmäßige Abstimmung die Sklaverei abschaffen, sondern auch den ganzen Charakter der Verfassung ändern."
„Zur Zeit ist die Antisklavereipartei noch in der Minderheit, aber
schon jetzt wäre es gefährlich, die Frage schroff zu diskutieren,
denn die Mehrheit der Bevölkerung in Texas besteht aus Nicht-
sklavenhaltern. Wenn Texas für sich allein bleibt, so ist alle Aussicht vorhanden, daß dort die Slaverei abgeschafft wird. Die Neger
sind erst in geringer Zahl da und könnten in dem Lande ohne die
geringste Schwierigkeit emanzipiert werden, sie könnten dann später
sogar sich als Lohnarbeiter nützlich machen."

Diese Worte wurden geäußert, nachdem die Vereinigten Staaten
verschiedene Male die Annexion abgelehnt hatten, und von einem
Texaner, der das höchste Amt, welches die junge Republik vergeben konnte, bekleidet hatte und zu diesem Amt als Gegner der
Annexion erwählt worden war. Sein Brief ist für die ganze Frage
von großer Bedeutung und wir müssen die darin berührten Punkte
einzeln erörtern.

Folgendes ist der Gedankengang des Briefes:

Es gelte die Bestimmung, daß Sklaven nur aus den Vereinigten
Staaten zugelassen werden sollten, und sie sei in Erwartung sofortiger
Annexion gegeben worden. Man sei damit aber nicht nur lange
hingehalten, sondern zu guterletzt mehrfach getäuscht worden. Die
kleine Änderung der Verfassung, die in der Zurücknahme dieses
Privilegiums läge, würde die Sklaverei in Texas beseitigen. Damit

---

[31]) Vergl. Jay, Review of the Mexican war p. 87 f.

fiele das einzige Hindernis für den Anschluß an England, während
zugleich ein neues Hindernis für den Anschluß an die Vereinigten
Staaten geschaffen würde[32]). Der Anschluß an England sei so wichtig, daß selbst eine radikale Veränderung der Verfassung dabei mit
in den Kauf zu nehmen wäre. Sie würde allerdings in diesem Falle
unvermeidlich sein, während es keiner Änderung bedürfe, wenn das
Ziel die Unabhängigkeit oder der Anschluß an Mexiko oder die Vereinigten Staaten werden sollte. Jetzt sei übrigens Mexiko endlich
bereit, allem Anspruch an Texas zu entsagen, unter der einen Bedingung, daß es nicht in die amerikanische Union einträte.

Die Sklavenfrage war also an sich ziemlich bedeutungslos; sie
gehörte nicht zu den vitalen Interessen der jungen Republik;
sie wurde von politischem Wert nur durch ihre Verquickung mit
der größeren, der Machtfrage, ob England oder die amerikanische
Union die führende Rolle in Texas spielen sollte. Und nicht nur
in Texas; die Sache hatte doch noch größere Bedeutung: es handelte
sich auch um den vorwiegenden Einfluß in Kalifornien und um das
Schiedsrichteramt in den Geschicken der südamerikanischen Republiken. England durfte in seinem Eifer nicht erlahmen, wenn auch
aus dem ersten jener Verträge dank Hamiltons Brief und Santa
Annas Indiskretion nichts geworden war, bis der Wettkampf sich
endgültig entschieden hatte zwischen ihm und seinen früheren
Kolonien, die jetzt das Recht für sich in Anspruch nahmen, den
Mächten Europas ihre Beziehungen zu dem Westen zu diktieren.
Milliard mochte passend fragen: „Will denn die englische Regierung
den rastlosen, ländergierigen und unlenksamen Anglo-Amerikanern
gestatten (unter irgend einem Vorwande), Mexiko zu Boden zu werfen
und ihre Grenzen bis an den Stillen Ozean auszudehnen? Wenn
ja, dann ist es Zeit für den mexikanischen und englischen Kaufmann,
sowie für die Gläubiger Mexikos, sich wie ein Mann zusammenzu-
schließen und bei den südamerikanischen Republiken, einer wie der
anderen, anzuklopfen, um gleich dem ersten und ungerechten Ansturm seiner räuberischen, ländergierigen Todfeinde, der Anglo-
Amerikaner der Vereinigten Staaten, Widerstand, zu leisten[33])."

---

[32]) Ebenso faßt das Verhältnis zwischen Sklaven- und Anschlußfrage ein
anderer Beobachter auf: „Statt die besten Freunde zu sein, wie wir sollten,
werden wir die bittersten Feinde werden . . . . Wenn Texas sich nicht an die
Vereinigten Staaten anschließt, kann es die Sklaverei keine zehn Jahre mehr, ja
kaum die Hälfte dieser Zeit aufrecht erhalten." Brief von Upshur an Murphy
1844 Sm. Dec. 28th. Congr. 1. Sess. Vol. V. No. 341, p. 46.

[33]) Milliard p. 188.

England hatte allerdings die Absicht, diesem Ansturm Widerstand zu leisten, aber verstand es in bekannter kluger Politik, seine eigenen Interessen unter der Maske eines helfenden Freundes zu verbergen; es wartete auf eine Einladung seitens Texas', die auch bald genug kam. In dieser Zeit (1842) hetzten viele Zeitungen in den Vereinigten Staaten bitter gegen Texas, und ausländische Blätter stießen in dasselbe Horn. Um dem entgegenzutreten, wies im Oktober 1842 Präsident Houston den Generalstaatsanwalt und Staatssekretär George W. Terrell an, eine Note an die ausländischen Mächte, einschließlich der Vereinigten Staaten, aufzusetzen, in der er sie auf die Guerillanatur der mexikanischen Kriegsführung aufmerksam machte. Dieselbe bestände nur in heimlichen Plünderungszügen über die Grenze, die geschändet seien durch Mord und Brutalität aller Art und mit schnellen Rückzügen endeten; sie würden veranstaltet von Vagabunden und Sträflingen, an deren Spitze einige Offiziere gestellt würden, um der Sache ein Ansehen zu geben. Die Note schloß mit der Hoffnung, die Mächte würden Mexiko ersuchen, mit Texas anständig Krieg zu führen zum Zwecke der Unterwerfung, oder seine Unabhängigkeit anzuerkennen, oder die Einstellung der Feindseligkeiten zu erklären [34]).

Sir Robert Peel sah die gute Gelegenheit für England gekommen; er versicherte, wie übrigens auch Minister Guizot namens Frankreichs, Texas seines besonderen Interesses, und ein vorläufiger Friede wurde als das geeignetste Mittel vorgeschlagen. Die englische Regierung erklärte sich zwar Texas gegenüber bereit, allein oder in Gemeinschaft mit Frankreich zu vermitteln, aber nicht gemeinsam mit den Vereinigten Staaten, bot aber auf der anderen Seite ihre guten Dienste Mexiko allein an [35]). Texas war sehr froh, den angebotenen Beistand anzunehmen, und der britische Gesandte in Mexiko, Percy Doyle, vermittelte so erfolgreich, daß Santa Anna, der seit seiner Wahl insgeheim zu Verhandlungen geneigt war, einen Waffenstillstand bewilligte; Doyle wurde ermächtigt, dem Präsidenten Houston durch Charles Elliott, den Geschäftsträger in Texas, mitzuteilen, daß Santa Anna sofort Befehl zur Einstellung der Feind-

---

[34]) Dat. 15. Okt. 1842. Der Abdruck in Lessler, Houston and his Rep. 163 ff.

[35]) Smith, Remin. Tex. Rp. 44. „Daß Englands Politik von einem außergewöhnlich kleinlichen Eigennutz geleitet wurde, soweit Texas in Betracht kam, kann nicht geleugnet werden. Es würde gern gesehen haben, daß die Unabhängigkeit des jungen Staates von Mexiko anerkannt worden wäre und sich dauernd behauptet hätte; auf keinen Fall wollte es dulden, daß sich die Vereinigten Staaten durch Annexion Texas' vergrößerten.“ So auch Ban. p. 374.

seligkeiten geben würde und bereit sei, die Bevollmächtigten Texas'
zur Verhandlung über die Friedensvorschläge zu empfangen. Doyles
Courier wurde von dem britischen Kriegsschiff „Scylla" nach Galveston gebracht, wo er am 9. Juni eintraf. Houston nahm den Vorschlag an und erließ am 15. desselben Monats eine Proklamation,
die Feindseligkeiten während der Dauer der Friedensverhandlungen
einzustellen[36]). Der Wortlaut dieser Proklamation beschränkte den
Waffenstillstand nicht auf eine gewisse Zeit; er sollte vielmehr während der ganzen Dauer der Friedensverhandlungen in Kraft bleiben,
bis die Wiederaufnahme der Feindseligkeiten, falls eine der Parteien
sich dazu wieder entschließen sollte, formell durch den englischen
Geschäftsträger bei den betreffenden Regierungen angekündigt und
die Proklamation widerrufen sein würde[37]).

Der Präsident von Mexiko gab zwar nicht eine derartige
Waffenstillstandserklärung ab, aber dies machte keinen Unterschied,
da sowieso keine tatsächlichen Feindseligkeiten im Gange waren.

Die Präliminarverhandlungen wurden langsam, aber erfolgreich
unter Vermittelung der britischen Vertreter in den beiden Ländern
geführt[38]). Der Erfolg war, daß G. W. Hockley und S. W. Williams
am 26. September 1843 (mit Instruktionen, die klar bewiesen, daß
die texanische Regierung Zeit zu gewinnen wünschte) beauftragt
wurden, mit Mexikos Bevollmächtigten, Señors Landeras und Jan-
nequi, persönlich zu unterhandeln. Sie sollten versuchen, einen
Waffenstillstand zu erwirken mit sechsmonatlicher Kündigung, doch
so, daß diese durch den englischen Gesandten erfolgen müßte. Sie
sollten auch Vertreter für die in der Stadt Mexiko abzuhaltende
Friedenskonferenz ernennen, „mit Vollmacht, über die Schlichtung
aller bestehenden Streitigkeiten und den Abschluß eines ewigen
Friedens zu verhandeln".

Nun traf sich die Friedenskommission in Salinas[39]) am westlichen Ufer des Rio Grande. Anfangs gab es Schwierigkeiten, bald
aber wurden die Verhandlungen durch die aufregenden Nachrichten
über Präsident Tylers Botschaft an den Kongreß beschleunigt.

Demgemäß wurde am 15. Februar 1844 der Waffenstillstand
unterzeichnet; aber Houston weigerte sich, ihn zu ratifizieren, da
Texas darin als ein „Department von Mexiko" bezeichnet worden

---

[36]) Vgl. Niles Reg. LXIV, 307.

[37]) Brown legt das Datum auf den 13. Juni.

[38]) Über die Präliminar-Verhandlungen s. Bancroft's Hist. of the Pac.
States p. 375.

[39]) Nicht Sabinas, wie Yoakum und Thrall schreiben.

und erließ am 16. Juni ein Manifest, worin in aller Form die Wiederaufnahme der Feindseligkeiten erklärt wurde[40]).

Im Laufe der Verhandlungen hatte sich Houston in ziemlicher Verlegenheit befunden. Er verhandelte mit England und Frankreich auf seine eigene Einladung hin; gleichzeitig hoffte er noch im Geheimen auf Annexion und war sicher, daß die Vereinigten Staaten die Angelegenheit einmal von selber wieder aufnehmen würden. Daher seine Anweisung an die Kommissionäre, die Verhandlungen möglichst in die Länge zu ziehen. Die Nachrichten aus den Vereinigten Staaten und namentlich Präsident Tylers Botschaft an den Kongreß bestärkten ihn in seiner stolzen Haltung, die die Bezeichnung von Texas als eines Departements von Mexiko ihn als persönliche Beleidigung empfinden ließ. Für diese Phrase war natürlich nicht Mexiko allein, sondern waren auch die britischen Unterhändler verantwortlich zu machen, und sie fand sich auch schon in dem ersten Vertrag zwischen Texas und England. Diese Nachrichten und die Heimlichkeit der Vorgänge brachten Houston in Gegensatz zu seinem Kongreß und dem englischen Gesandten. Im Kongreß tadelte das Komitee für auswärtige Angelegenheiten[41]) den Präsidenten in scharfen Ausdrücken wegen Vorenthaltung der durch Resolution eingeforderten Auskünfte über die zwischen den Vereinigten Staaten und Mexiko schwebenden Verhandlungen[42]). Und Herr Elliott, der britische Gesandte, drückte sein großes Erstaunen über diese geheime Verbindung mit der Union aus und verlangte eine Erklärung. Diese wurde ihm gegeben, und zwar mit folgender Begründung: Der Waffenstillstand sei ein Fehlschlag gewesen; die Bedingungen seien seitens Mexikos nicht gehalten und die Gefangenen von Mier nicht freigelassen worden; da der britische Gesandte in Mexiko sich zurückgezogen habe, so besäße Texas keine autorisierte Vermittelung mit Mexiko; ferner habe England Texas nicht gegen eine Invasion geschützt, obwohl man dessen dringend bedurfte, da Mexiko in seiner Erbitterung sofortige Wiederaufnahme der Feindseligkeiten erklärt und schleunigst ein Heer zur vollständigen Unterwerfung

---

[40]) Nach Brown wurde der Waffenstillstand am 18. Februar unterzeichnet. Über Englands Beziehungen zu Texas siehe Niles Reg. LXIV 307, 404; LXV 34, 178, 213; LXVI 96—98, 113, 280, 382; LXVII 113—114. Rivera West Jalapa III 600 f., 1623 ff. Bustamente Hist. S. Anna 112—116. De Bows Encys. 1844, 2nd Ed., 265 ff.

[41]) Zusammengesetzt aus Lee Jones, Th. J. Green, Will. L. Gaznean, Sam A. Maverrick, J. B. J. January und L. S. Hogler.

[42]) Lubbocks Mem. p. 151.

des Landes ausgerüstet habe. Die Wiedereröffnung dieser Frage sei außerdem nicht auf Texas' Wunsch geschehen, sondern auf den der Vereinigten Staaten, und man sei ihr nur vorsichtig näher-getreten.

Im Anschluß an diese Erklärung versicherte Ashbel Smith dem Lord Aberdeen sowohl offiziell wie inoffiziell, daß Texas weiter nichts wünsche, als Freiheit, und zwar auf Grund einer ewigen Un-abhängigkeit, und bat ihn, sein Interesse für die Angelegenheit nicht aufzugeben. Tylers Botschaft hatte dem englischen Minister gezeigt, daß in den Vereinigten Staaten ein Umschlag eingetreten sei, und er fühlte, daß er nicht länger auf Mexikos wechselnde Launen warten dürfte. Aberdeen antwortete daher Smith, Juni 1844, mit dem Vorschlage, einen „diplomatischen Akt" vorzunehmen, an dem teilzunehmen fünf Mächte eingeladen werden sollten, nämlich: England, Frankreich, die Vereinigten Staaten, Texas und Mexiko. Als Grundlage für diesen „diplomatischen Akt" sollte der Friede zwischen Texas und Mexiko und die ewige und volle Unabhängig-keit von Texas gelten; die Teilnehmer sollten zugleich Garanten werden. · Die Vereinigten Staaten wollte man zur Teilnahme auf-fordern; aber man erwartete, daß sie ablehnen würden. Man war der Meinung, daß Mexiko teilnehmen würde; aber im Falle seiner Weigerung sollten England, Frankreich und Texas die Sachen unter sich erledigen und Mexiko ohne weiteres zwingen, sich den Be-schlüssen zu fügen. Wenn der Akt auch nur von drei Mächten an-genommen sei, sollte er aufrecht erhalten werden.

Dies war in der Tat gründlich und deutlich genug. Frankreich willigte sofort ein, ebenso Texas. Nachdem so drei Mächte ge-wonnen waren, beauftragte Houston den damaligen Staatssekretär Anson Jones, an Smith sofort die nötigen Anweisungen zu senden. Er tat dies aber nicht, und dies führte zu einem dauernden Bruch zwischen ihm und Houston. Den Grund für diese Unterlassung sehen einige in seinem Ehrgeiz, da er diese Maßnahmen erst in seiner eignen Amtsperiode hätte ausführen wollen[43]). Aber er ging noch weiter: Er machte sofortiges Handeln unmöglich, da er Smith rechts-widrig Erlaubnis erteilte, nach Texas zurückzukehren. Diese doppelte und kühne Anmaßung erklärt sich noch besser als durch persönliche Momente durch die Rücksicht auf die in den Vereinigten Staaten eröffnete Präsidenten-Wahlcampagne und den damals im dortigen Senate zur Verhandlung stehenden Vertrag. Jones behauptet, im

---

[43]) Rem. of the Tex. Rep. p. 61—65; Holst II 588.

Geheimen stets Annexionist gewesen zu sein und so gehandelt zu
haben, um Krieg zu vermeiden. Sein Zeugnis ist klar und bestimmt;
er war damals besser als irgend ein anderer in der ganzen Welt
imstande, alle Phasen der Frage zu übersehen. Er sagt wörtlich:
„England und Frankreich einigten sich, um in ihrem eigenen Interesse die Annexion zu verhindern und die Unabhängigkeit von Texas
als eines Separatstaates zu sichern, zu dem „diplomatischen Akt"
vom Juni 1844 als dem besten Mittel dazu, das zugleich eine be-
queme Handhabe zur Intervention schaffen sollte. Da andererseits
General Houston fand, daß die Annexion sich nicht während seiner
Amtsperiode bewerkstelligen lassen könne, beschloß er, sie sollte
überhaupt nicht zu stande kommen, und gab Befehl, Englands und
Frankreichs Vorschläge zur Verhandlung über den „diplomatischen
Akt" anzunehmen. Frankreich würde willens gewesen sein, sich
nach Stipulierung bestimmter Rechte durch Annahme der Bedingungen dieses „Akts" innig mit England zu verbinden, zu einem
„Protest" gegen die Annexion und, wenn nötig, auch zu einem
Kriege. Aber da ich mich weigerte, diesen „Akt" zu verwirk-
lichen, glaubte Frankreich, es hätte nicht genügend Grund zu Protest oder Krieg, und lehnte es ab, sich zu einem von beiden mit
England zu verbinden, und England wollte ohne Hilfe und Zustim-
mung Frankreichs die Sache nicht unternehmen. Hätte ich im Jahre
1844 dem „Akt" beigestimmt, so wäre der Krieg sicher gewesen."

Welche Gründe auch immer Jones haben mochte, er hat in
der Art, wie er berichtet, den Plan mit dem „diplomatischen Akt"
zu Falle gebracht: England wurde wieder angesichts des Zieles auf-
gehalten. Aber die Ereignisse spielten der britischen Politik in die
Hände; zweimal in ihren wohlwollenden Absichten geschlagen, einmal durch die Parteipolitik Santa Annas und dann wieder durch
die Jones', boten sich ihr jetzt von neuem Chancen durch den Erfolg
von Bentons Parteipolitik in dem Senat der Vereinigten Staaten.
Wäre der „diplomatische Akt" in den Vereinigten Staaten bekannt
gewesen, so wäre der Erfolg zweifellos ein anderer geworden; aber
schon am 8. Juni wurde über den Annexionsvertrag im Senat abgestimmt, und so wurde er mit 35 gegen 16 Stimmen verworfen.
Telegraphische Verbindung gab es damals noch nicht; aber das
Volk von Texas vernahm bald genug diese unwillkommene Neuig-
keit, und zwar mit unbeschreiblichem Ärger; Mexiko dagegen mit
entsprechender Freude: es erneuerte sofort seine Drohungen.

Aber das Bedauern über die Ablehnung der Annexion war
durchaus nicht allseitig in Texas, und die Anzahl der Gegner wuchs
fast bis zur Einstimmigkeit. Mexikos Drohungen beunruhigten nicht,

da offenbar andere Aufgaben seine volle Aufmerksamkeit und alle Hilfsquellen in Anspruch nahmen, und die junge Republik „gürtete ihre Lenden" zu einem erfolgreichen Kampf, in welchem verletzter Stolz ein Hauptfaktor war.

Da nun England und Frankreich jetzt die Vereinigten Staaten als einen Verbündeten betrachten konnten, so erneuerten sie ihre Bemühungen, von Mexiko die Anerkennung der Unabhängigkeit Texas' zu erlangen. Dagegen wurden die texanischen Gesandten von Washington abberufen und es gab keine offiziellen Beziehungen mehr zwischen den beiden Ländern (nur van Zandt blieb als Legationssekretär).

Diese trotzige Stimmung gegen die Union wollte England ausnützen zur Erhöhung seiner eigenen Popularität. Es bot zunächst eine Anleihe von 5 Millionen Pfund Sterling an[44]). Und dann leugnete es jede Absicht, sich in die Sklavenfrage in Texas einzumischen. Die Zeit dafür war auch schon vorbei[45]). Philanthropie ist eine schöne Sache, aber sie muß, um als politischer Faktor zu wirken, den rechten Augenblick abpassen. Jetzt aber war für England die größte Vorsicht von nöten, weil gerade, in der zweiten Hälfte des Jahres 1844, drei Wahlen im Gange waren, in drei verschiedenen Staaten, die sich um die texanische Frage drehten. In den Ver-

---

[44]) „Das Anerbieten Englands, der texanischen Regierung, wie man neuerdings liest, ein Darlehen von 5 Mill. Pfund Sterling zu äußerst geringen Zinsen zu bewilligen, wird indeß das Mittel darbieten, der Partei der exekutiven Gewalt, die durch den äußerst beliebten vorigen Präsidenten General Samuel Houston sehr unterstützt wird, die Oberhand in dem bevorstehenden Parteikampfe zu geben und den Kongreß zu überzeugen, daß Texas, selbst unter günstigen Bedingungen, jetzt die Annexion nicht mehr wünschen dürfte, und daß vollends die Bedingungen, welche die Vereinigten Staaten gestellt haben, sie zu einer Unmöglichkeit machen." D. D. A. I. S. 19—20.

[45]) „England, welches früher die Aufhebung der Sklaverei zur Bedingung der Anerkennung der Unabhängigkeit dieses Staates machen wollte, scheint jetzt auch die Unmöglichkeit dieses Schrittes eingesehen zu haben. Es hat deshalb von dieser Forderung ganz abgesehen, da es fürchtet, daß, wenn es diese Bedingung aufrecht hielte, Texas sofort die Einverleibung in die Nordamerikanische Union annehmen würde." D. D. A. I. S. 42. Ein Urteil, das in dieser kurzen Formulierung die Lage nicht genügend kennzeichnet. Etwas präziser, doch ohne Angabe von Grund und Zeit sagt Anson Jones:

(Mem. 1850 p. 52): Die Frage der Haussklaverei, von welcher soviel Aufhebens 1844—45 gemacht wurde, wurde von dem britischen Gesandten dann erst eindringlich der Regierung von Texas gegenüber erörtert, als es sich darum handelte, in nachdrücklichster Form jede Absicht auf Einmischung englischerseits in Abrede zu stellen. Cf. Niles Reg. LXIV. 404.

einigten Staaten standen sich Polk als Freund und Clay als Gegner der Annexion gegenüber; in Mexiko war General Herrera für die Aufgabe von Texas, während Santa Anna an den alten Ansprüchen festhielt.

In Texas selbst vertrat General Edward Burlesen die Annexion gegen Dr. Anson Jones. Der Letztgenannte hat sich erst nach Vollzug der Annexion für einen Annexionisten erklärt[46]). In Wahrheit war er zwar, wie Houston, überzeugter Annexionist, aber da er nach dem Vertrag im Juni alle Aussichten für die Annexion geschwunden sah, wollte er als guter Staatsmann das Zweitbeste erreichen. Houston teilte darin seine Meinung, so auch die Mehrzahl seiner Landsleute; aber Houston verstand es, sich den Titel eines „Annexionsapostels" zu sichern, während Jones später der Sündenbock für die ganze englische Partei wurde. Eine der vielen Ungerechtigkeiten der Weltgeschichte.

Von diesen drei Wahlfeldzügen endete der in den Vereinigten Staaten zuerst, aber nicht so schnell, daß die Nachricht rechtzeitig hätte nach Texas gelangen können, um das Resultat dort zu beeinflussen. Hier gingen die Wogen des Kampfes hoch.

Edward Burlesen, ein Mann von großen Naturanlagen, aber nicht gebildet, der populärste Soldat seines Landes (General Houston vielleicht ausgenommen), machte seinen Gegnern scharfe Konkurrenz. Er war schon unter Houston Vizepräsident gewesen und hatte also den Vorzug der Geschäftskenntnis; als eifriger Annexionist[47]) aber stand er im Gegensatz zu den Instinkten der Menge, die gegen die Union erbittert war.

Anson Jones[48]) auf der anderen Seite war damals offiziell gegen Annexion. Er war trotzdem auch Houstons Präsidentschaftskandidat[49]), obwohl es anfangs schwierig gewesen war, diesen überhaupt zu offener Parteinahme zu bewegen. Die Wahlparole hieß nun, wie am 15. August 1844 im „La Grange Intelligencer" zu lesen war: „Bur-

---

[46]) Man glaubte ihm nicht und das Odium, das ungerechterweise dadurch auf ihm haftete, trug neben anderen Gründen auch zu seinem einige Jahre später erfolgten Selbstmord bei.

[47]) „Richten Sie auch fernerhin Herz und Geist und Willen ganz auf Texas' Annexion durch die Vereinigten Staaten." Mosely Baker an Burlesen im „La Grange Intelligencer" 4. August 1844.

[48]) Anson Jones ist Kandidat der Gegner der Annexion. Niles Reg. LXVII 9. 19.

[49]) Houstons Brief an Jones Aug. 1845, Vindikator vom 25. Mai und La Grange Intelligencer vom 6. Juni 1844.

lesen — Annexion, Union und Freiheit; und Jones — Anti-Annexion, England und Abschaffung der Sklaverei".

Jones wurde endlich am 2. Dezember mit 7035 gegen 5661 Stimmen gewählt. Houstons Amtsdauer erlosch am 9. Dezember 1844 und am selben Tage trat Jones sein Amt an. Die vorsichtige Haltung beider den europäischen Mächten gegenüber spricht sich in Präsident Houstons Abschiedsbotschaft aus: „Die Regierungen Englands und Frankreichs haben für uns noch dieselben Gefühle von Freundschaft und Wohlwollen, die sie immer im Verkehr mit uns bewiesen haben, und deren Kräftigung und Erwiderung wir uns bei jeder Gelegenheit dringend angelegen sein lassen müssen. Es liegt kein Grund zu der Annahme vor, daß die kürzliche Erörterung internationaler Fragen zwischen uns und den Vereinigten Staaten in irgend einer Weise etwas an ihren Wünschen für unser fort-dauerndes Gedeihen und unsere Unabhängigkeit geändert haben könnte, oder ihren Eifer hätte erkalten lassen, eine schnelle und ehrenhafte Beilegung unserer Differenzen mit Mexiko herbeizuführen. Daß sie für unsere Existenz als besonderer Staat und unsere dau-ernde Unabhängigkeit als Nation Besorgnis bewiesen, ist nicht nur natürlich, sondern durchaus zu loben[50]).

Und in der Tat war Vorsicht nötig. Die Lage der Dinge war äußerst gespannt und England ließ nicht nach, durch seine Agenten gegen die Union Stimmung zu machen. Schon für den Ausgang der Wahl war die Agitation der fremden Kolonisten entscheidend gewesen; sie standen vielfach in privaten und vertraulichen Be-ziehungen zu England, dessen Interessen auch die ihrigen waren: bei der Annexion mußten sie verlieren. Als typisches Beispiel für ihre Versuche, in diesem Sinne die politischen Maßnahmen zu beein-flussen, gebe ich einen Brief aus ihrem Lager. Er stammt von einem ihrer hochadligen Führer, deren Pläne schon oben einmal berührt waren.

Galveston, 3. Dezember 1844.

An Seine Excellenz Herrn Anson Jones.

Hochgeehrter Herr!

Ich sende Ihnen diese Zeilen, um mein Bedauern darüber auszudrücken, daß ich nicht an Ihrer Einführung als Präsident der Republik teilnehmen kann, aber meine Auswanderer sind gerade angekommen, und so ist meine Anwesenheit in La Vacca Bay unumgänglich notwendig.

---

[50]) Niles Register LXVII. p. 272.

Ich sprach heute General Duff Green, Konsul der Vereinigten Staaten in Galveston, und konnte aus der Unterredung
sofort auf die Absicht seiner hiesigen Mission schließen.

Er drohte mit einem Angriff seitens Mexikos und rät zur
Annexion. Es ist nun meine Pflicht, Ihnen zu sagen, daß,
wie ich aus meinen letzten Depeschen ersehe, die Annexion
unbedingt einen Kriegsfall zwischen England und den Vereinigten Staaten schaffen muß und wird; Green soll uns zum
Kriege mit Mexiko drängen; er verspricht dann Hilfe von
den Vereinigten Staaten.

Ich stehe Ihnen zu Diensten, bin bereit, etwa Santa Anna
zu besuchen oder sonst Ihren Wünschen nachzukommen.

Karl, Prinz von Solms[51]).

Prinz Karl hatte es nicht mehr nötig, nach Mexiko zu gehen,
denn Santa Annas Tage waren vorbei. In eiliger Wahl hatte
General Herrera gesiegt und das bedeutete endgültige Aufgabe der
mexikanischen Ansprüche[52]). Englands Horizont klärte sich wieder
auf. Anfang Januar 1845 hatte Ashbel Smith, Jones' nunmehriger
Staatssekretär, eine private, unoffizielle Unterredung mit Arrangoiz,
dem mexikanischen Generalkonsul in New Orleans, über das neue
Aussehen der Lage und berichtet darüber: „Ich verließ ihn in der
Überzeugung, daß Mexiko auf der Basis der Unabhängkeit Frieden
schließen will[53]).

Und in der Tat, die Union hatte kaum noch eine Aussicht. Texas hatte ihr zum letzten Male im Jahre 1843 Anerbie-
tungen gemacht; es war ausgeschlossen, daß sie von seiner Seite
jemals wiederholt werden würden. Der neunte texanische Kongreß,
der zur Zeit von Jones' Amtseinführung beisammen war, vertagte
sich am 3. Februar 1845. Weder der Präsident noch der Kongreß
hatten einen Schritt in Sachen der Annexion getan.

Nun hatte aber in den Vereinigten Staaten die Annexions-
partei den Sieg errungen: Polk war gewählt worden.

Natürlich machte diese Nachricht einen gewissen Eindruck;
aber das Volk von Texas war nicht gewillt, noch auf eine Aktion
seitens des neuen Präsidenten oder des Unionskongresses zu warten.

Neun Jahre hatte man die Unabhängigkeit der Republik be-

---

[51]) Vertrauensmann des Vereins zum Schutze deutscher Auswanderer und
Haupt der Kolonie in Neu-Braunfels.

[52]) „General Herrera war sehr zum Frieden geneigt, und das war der
Grund zu seiner Wahl." Anson Jones' Brief an H. Stuart, 13. Nov. 1847.

[53]) Remin. of the Texas Rep. p. 66.

hauptet; von Mexiko war nichts mehr in dieser Hinsicht zu besorgen, die europäischen Weltmächte nahmen immer lebhafteren Anteil an dem Geschick der Republik; die Finanzen erschienen im Vergleich mit den Zuständen während der ersten Jahre geordnet und der Staatskredit hob sich. Man zweifelte daher nicht mehr an der eigenen Lebensfähigkeit und fühlte sich so sehr als Texaner, „daß man es als eine bittere Kränkung empfand, wie der arme Vetter vom Lande behandelt zu werden, den man beliebig lange im Vorzimmer warten läßt, während man doch ein Königreich als Geschenk anbot"[54]).

Houston war darüber sehr unglücklich, er hüllte sich lange in Schweigen. Aber der texanische Kongreß vertagte sich am 3. Februar und der Kongreß der Vereinigten Staaten sollte sich Anfang März vertagen. Das war also der letzte Augenblick für ihn. Er ging deshalb persönlich im Februar zu Ashbel Smith und sprach zu ihm im Tone Cäsars: „Ich komme zu Ihnen, um Houstons' letztes Wort bei Ihnen zu lassen. Wenn der Kongreß der Vereinigten Staaten nicht bis zum 4. März Maßregeln betreffs der Annexion beschlossen hat, die Texas in Ehren annehmen kann, so wird Houston für alle Zeit ein erbitterter Gegner der Annexion sein!"

Und allerdings hielt er Wort! Die Weekly News in Galveston konnten schon unter dem 1. März schreiben:

Wir haben bereits den unumstößlichen Beweis geliefert, daß die britische Politik bereits solche Fortschritte in Texas gemacht hat, daß der Geschäftsträger Ihrer Britischen Majestät von dem Expräsidenten Houston ein Versprechen erhalten hat, er werde seine Kraft vollständig gegen die Annexion einsetzen[55]).

Es waren die Nachrichten über die starre Opposition im Senate der Vereinigten Staaten gewesen, die ihn dazu brachten, die Partie für verloren zu halten; seine privaten Auslassungen über den Wechsel seines Standpunktes kamen bald, nachdem die Endabstimmung doch seinen alten Wünschen entsprochen hatte, nach dem Norden und riefen nun Bedauern und Erstaunen hervor[56]).

---

[54]) Nach Holst II. 5. 54.

[55]) Später kam Branch J. Arthur, ein früheres Mitglied des Kabinetts Lamar, mit einem Brief zu Tage, der beweisen sollte, daß Houston und Jones sich auch schriftlich der englischen Regierung verpflichtet hätten, sich der Annexion zu widersetzen. Greens' Antwort an Houston 15. Februar 1855.

[56]) „Wir erfahren, daß General Houston sich zuletzt offen gegen die Annexion erklärt hat." The Madisonian, 23. April 1845. Niles Reg. LVIII, p. 230. „Wir bedauern sehr, daß Houston jetzt an der Spitze der englischen Partei steht." The Richmond Enquirer, 28. März 1845.

Am 25. Februar 1845 nahm nämlich das Unterhaus der Vereinigten Staaten eine Resolution zur Annexion von Texas mit 120 gegen 98 Stimmen an. Im Senat wurde sie am 3. März mit 27 gegen 25 Stimmen angenommen. Am selben Tage unterzeichnete sie auch Präsident Tyler. Briefe waren nach Texas gewöhnlich einen Monat unterwegs, aber schon um Mitte März tauchte hier das Gerücht von der im Senat beschlossenen Maßregel auf.

Zu gleicher Zeit traf nun die andere Nachricht ein, daß General Herrera von dem mexikanischen Kongreß ermächtigt war, Frieden zu schließen und Texas' Unabhängigkeit unter der Bedingung anzuerkennen, daß es nicht später an die Vereinigten Staaten ausgeliefert würde. Dies war durch die englische und französische Diplomatie durchgesetzt worden: Großbritannien hatte in diesem kritischen Moment seinen vierten großen Vermittelungsversuch so weit gefördert.

Am 29. März 1845 verhandelte der Staatssekretär Ashbel Smith mit dem britischen Geschäftsträger George Elliott und dem französischen M. de Saligny über ein Vertragsprotokoll, wonach Mexiko die Unabhängigkeit von Texas anerkannte. Die vier wesentlichen Punkte waren: Mexiko verpflichtet sich, die Unabhängigkeit von Texas anzuerkennen; Texas verpflichtet sich, in dem Vertrag festzulegen, daß es sich nicht an die Vereinigten Staaten anschließen, oder irgend einem anderen Lande unterwerfen will. Grenzen und andere Bedingungen sollen in dem endgültigen Vertrag erledigt werden, und zwar wird Texas einverstanden sein, strittige Punkte über Gebiet und andere Dinge dem Urteil eines Schiedsgerichts zu unterbreiten[57]).

Zwei Tage später, nämlich am 31. Mai, legte wiederum Donelson dem Präsidenten Jones die Annexionsresolution des Kongresses der Vereinigten Staaten vor.

Um so größer war die Eile, den Vertrag abzuschließen. Am 21. April überreichte Luis G. Cuevas dem mexikanischen Kongreß das Protokoll mit der dringenden Bitte, ihm sofort zuzustimmen, und am 19. Mai 1845 wurden die Präliminararartikel von seiten der mexikanischen Regierung unterzeichnet. Die Nachricht wurde durch einen besonderen Boten gesandt und schon am 20. Mai teilte der französische Konsul, Baron Alleye de Cyprey, dem Präsidenten Jones offiziell mit, daß Mexiko am Tage vorher die Friedenspräliminarien angenommen hätte. Die Artikel selbst wurden dem britischen Geschäftsträger in Texas, Kapitän Elliott, übermittelt und wurden von ihm der texanischen Regierung am 2. Juni vorgelegt. Eine Pro-

---

[57]) Lub. Mem. p. 164.

klamation vom 4. Juni kündigte den Abschluß des Präliminar-
friedens an.

England hatte erfüllt, was man von ihm gewünscht hatte und
bot nun Texas einen von Mexiko anerkannten und von England
und Frankreich garantierten Frieden nebst Unabhängigkeit. — Konnte
Texas in Ehren ablehnen?

Eine Frage nur barg noch ernste Verwickelungen in ihrem
Schoße.

Der vierte Artikel des Friedensvorschlages besagte, daß Texas
Grenz- und andere Streitigkeiten einem Schiedsgericht unterbreiten
werde. Diese strittigen Gebietsteile nun umschlossen nicht weniger
als alles Land westlich der Felsengebirge und nördlich der jetzigen
Grenzen von Texas bis zum 42° n. Br., d. h. bis Oregon. Über Houstons
Veto hinweg, aber während seiner zweiten Amtsperiode hatte der
texanische Kongreß ein Gesetz angenommen, worin er alles dies zu
texanischem Gebiet erklärte. Houston sagte damals: „Die Großmächte würden über diesen „gesetzgeberischen Scherz" lachen. „Aber
wenn nun England sich dieses Anspruchs annahm? Dann war er
kein Scherz mehr, so wenig, wie er sich später in den Händen der
Vereinigten Staaten als solcher erwiesen hat. War es möglich, daß
das menschenfreundliche England hier eine Belohnung für seine Un-
eigennützigkeit zu ernten hoffte? An diesem Punkte geht die
texanische Frage in die Oregonfrage über.

8. Kapitel.

Die Oregon-Frage.

Hatte England überhaupt Ansprüche auf Gebiet an der Westküste Amerikas zwischen den Felsengebirgen und dem Stillen Ozean?
Und wie stand es mit den anderen Weltmächten?

Spanien beanspruchte Land und hatte es kolonisiert bis zum
42° n. Br. Dies war unbestritten.

Rußlands Position war weniger sicher. Freilich hatte schon
im Jahre 1728 der Seefahrer Behring die nach ihm benannte Durch-
fahrt entdeckt, aber erst im Jahre 1799 gründete Kaiser Paul eine
Gesellschaft zum Zweck des Handels mit den Eingeborenen. Diese
errichtete eine kleine Handelsstation auf einer Insel, 57° n. Br., deren
Gerechtsame nach Süden bis zum 55. Breitengrade durch besonderes
Edikt ausgedehnt wurden. Doch wurde damit keineswegs eine
dauernde Besiedelung beabsichtigt.

Nun aber gelangte das Louisiana-Gebiet in den Besitz der Vereinigten Staaten; der Columbia war entdekt worden und der amerikanische Handel dort hatte sich bald so entwickelt, daß er im Jahre 1821 10 bis 12 Schiffe beschäftigte und beträchtlichen Gewinn erzielte. Denn die Ladung bestand in ganz geringwertigen Waren, die aber an die Eingeborenen gegen Seeotterfelle und Pelzwerk vertauscht wurden. Das brachte man nach China und erhielt dafür sehr wertvolle Rückladungen.

Beunruhigt durch die wachsende Bedeutung des amerikanischen Handels mit den Eingeborenen und dem Osten[1]) dehnte Kaiser Alexander im September 1821 die Jurisdiktion der russischen Gesellschaft bis zum 51° n. Br. aus, erklärte alle Gewässer des Stillen Ozeans nördlich davon für einen Binnensee, da Rußland die Küsten an beiden Seiten besäße, und verbot allen Ausländern den Handel mit Eingeborenen an der amerikanischen Küste und den Inseln nördlich von diesem Breitengrad. Er bedrohte jedes fremde Schiff, welches innerhalb 300 Seemeilen von der Küste betroffen würde, mit Beschlagnahme.

Die Begründung dafür mußte Behrings Entdeckung und die Niederlassung in New Archangel unterm 57° n. B. abgeben. Daß gerade der 51° n. B. als Grenze festgesetzt wurde, hatte seinen Grund darin, daß derselbe in der Mitte zwischen New Archangel und dem amerikanischen Territorium lag. Für Rußland war ein britischer Landanspruch nicht vorhanden, noch war überhaupt die Rede davon. Das war ein Zugeständnis an die Vereinigten Staaten; da es aber einen Versuch darstellte, den russisch-amerikanischen Grenzpunkt 3° südlicher festzulegen und so monarchisches Gebiet in Amerika bis dahin auszudehnen, so kollidierte man mit der ersten Veröffentlichung der Monroe-Doktrin, welche behauptete, da die amerikanische Regierung den bei weitem größten Teil des nordamerikanischen Festlandes besäße und das ganze erforscht habe, sei dort kein herrenloses Gebiet als Kolonisationsobjekt weiter vorhanden; gegen die bereits bestehenden europäischen Kolonien habe man nichts einzuwenden, aber neue seien unzulässig. Hierdurch wurde zunächst Rußland nur das Recht versagt, sein Gebiet vom 55° bis zum 51° auszudehnen; aber da Amerika gleichzeitig dieselben Handelsrechte und Besitztitel wie Rußland auf Grund der Erforschung der ganzen Westküste für sich beanspruchte, stellte es Rußlands Anrecht auf irgend einen Teil des amerikanischen Festlandes überhaupt in Frage. Die russische Regierung ließ sich einschüchtern; sie stellte jede Belästigung des amerikanischen Handels in dieser Gegend ein und

---

[1]) Die Hudson Bay Company war in dieser Beziehung keine Konkurrenz.

traf am 15./5. April 1824 mit den Vereinigten Staaten ein Abkommen, dessen Artikel 3 besagte, daß Rußland nicht nördlich, die Union nicht südlich vom 54° 40′ n. B. Ansiedelungen schaffen dürfte. Das heißt, Rußland gab seine neuen Ansprüche auf, um seine alten zu sichern, und erkannte den 54° 40′ als nördliche Grenze der Vereinigten Staaten an, was es aber nicht hinderte, sofort als mit dem Wechsel in der Verwaltung der Vereinigten Staaten 1826 eine weniger straffe Haltung in der äußeren Politik sich zeigte, auch einen Vertrag mit England zu schließen, laut welchem derselbe geographische Ort (54° 40′, die Südspitze von Prince Edward Island) als seine Südgrenze auch den britischen Kolonien gegenüber festgesetzt wurde. So hatte es gewissermaßen England zwischen sich und die Vereinigten Staaten gesetzt und ließ es zu, daß beide Mächte genau dieselbe Grenzlinie beanspruchten. Es wollte damit aus dem Streite ausscheiden. Doch hatte von den beiden Verträgen unstreitig der mit den Vereinigten Staaten den Anspruch der Priorität für sich.

England berief sich nun für seine Ansprüche auf eine Reihe von Tatsachen der Entdeckungsgeschichte und gewisse Punkte bestimmter Verträge. Selbst nicht ernst nahm es:

1. Die Rechte, die aus Francis Drakes Entdeckung der Nordwestküste Amerikas im Jahre 1578—79 sich folgern ließen. Sie hatten in der Tat keine größere staatsrechtliche Bedeutung, als jener naive Akt des Hineinwatens in die Flut des Stillen Ozeans, mit dem Balboa alle Länder, die von diesen Gewässern bespült waren, hatte in Besitz nehmen wollen. Dagegen wurde

2. später von Robinson und Goulbourn, den englischen Bevollmächtigten zur Verhandlung dieser Punkte, ernstlich behauptet, daß andere Fahrten aus früherer Zeit, und besonders diejenigen des Kapitän Cook, England die Rechte des Entdeckers gäben, und sie verlangten im Anschluß daran die Anerkennung des englischen Besitztitels für einige Ländereien, die man ihrer Behauptung nach dabei, und zwar noch vor der amerikanischen Revolution, von den Eingeborenen gekauft hätte. Es kam

3. in Betracht der Vertrag von Utrecht, der im Jahre 1714 den Krieg zwischen Königin Anna und Ludwig XIV. beendete und die Grenzen der verschiedenen Gebiete in Nordamerika feststellte. Darin war eine Festlegung der Grenze durch die Formel umgangen: „von den kanadischen Seen geradeaus nach Westen[2])". Der 49° n. B. war aber daraufhin tatsächlich hundert Jahre lang respektiert worden, nur jetzt bestritten sowohl England, wie auch die Vereinigten Staaten

---

[2]) „Indefinitely to the West" vgl. Binger Hermann, The purchase of Louisiana.

seine Gültigkeit jenseits der Felsengebirge. Auf dem Vertrage von Utrecht fußte jedoch

4. der Eskurialvertrag vom 28. Oktober 1790. England berief sich auf den dritten Artikel dieses Vertrages, nach dem die Untertanen der kontrahierenden Mächte das Recht haben sollten, „an noch nicht besetzten Plätzen der Küste des Stillen Ozeans" zu landen, und mit den Eingeborenen Handel zu treiben und Niederlassungen zu gründen[3]).

5. wurden die im Zusammenhang damit stehenden Reisen Vancouvers' als Beweise vorgebracht, nicht minder, wie

6. die Entdeckungen Mc Kenzies im Jahre 1793. In Mc Kenzie finden wir nun den ersten Mann, dem es vollkommen klar war, wie außerordentlich wichtig es für die Engländer sei, an der Ostküste des stillen Ozeans festen Fuß zu fassen. Er begriff, daß dies nur durch Schaffung britischer Interessen in dieser Gegend geschehen könne, und sobald er erfuhr, daß Kapitän Gray die Mündung eines großen Flusses (des Columbia) entdeckt habe, überredete er die kanadische Regierung, ihn über Land zur Entdeckung der Quelle zu senden; aber er hatte kein Glück, er verfehlte die Quelle vollständig, stieß auf den Stillen Ozean 500 Meilen zu weit nach Norden und kehrte zurück, ohne den Fluß gesehen oder eine Niederlassung gegründet zu haben.

7. Aber er ließ nicht nach und schuf durch seine Agitation tatsächlich neue Besitztitel. Sofort nach seiner Rückkehr betonte er von neuem in Schrift und Wort die Notwendigkeit, das Land zu besetzen und Interessen zu schaffen. Der Erfolg war der, daß Trapper und Händler, Indianer, französische Kanadier und Halbblutindianer in Diensten der Hudson Bay Company von dem eisigen Norden aus dorthin strömten und die amerikanischen Händler nicht nur von der Mündung des Columbiaflusses, sondern auch von seinem Quell und den Nebenflüssen verjagten, weiterhin nicht nur aus dem ganzen Columbiatal, sondern auch aus dem ganzen Gebiet der Felsengebirge zwischen 49° und 42°, und endlich nicht nur aus diesen Gebirgsgegenden, sondern auch aus dem Quellengebiet der weiter entfernten Flüsse, wie des Missouri, Yellow Stone, Big Horn und North Platte mit all ihren Bergzuflüssen. Kurz, die Engländer wurden hier vollkommen die Herren; sie begannen mit der Errichtung von Handelsposten und Forts von den Bergen bis an die See. Und genau zur selben Zeit begann die Diplomatie ihre noch geschicktere Arbeit.

8. Es sind eine ganze Reihe von Verhandlungen und Verträgen,

---

[3]) Martens, Recueil des Traités IV, p. 495.

die im Laufe der Jahre die britischen Ansprüche auf festen Boden stellen sollten. Man begann damit schon im Jahre 1803. In denselben Tagen, in denen damals in Paris ein Vertrag zur Erwerbung von Louisiana durch die Union führte, geschah es, daß ein anderer in London zur Festlegung der Grenzlinien zwischen den Besitzungen der Vereinigten Staaten und dem König von England unterzeichnet wurde. Die beiden amerikanischen Unterhändler standen in keiner Verbindung mit einander und arbeiteten sich darum nicht in die Hände. Als beide Verträge dem Senat der Vereinigten Staaten zur Ratifizierung vorgelegt wurden, konnte nur der den Ankauf von Louisiana betreffende ohne Beschränkung ratifiziert werden, der andere aber nur mit Ausnahme des 5. Artikels, der die Grenzlinie zwischen den Vereinigten Staaten und England von den kanadischen Seen bis zur Quelle des Mississippi festlegte. Der Senat weigerte sich mit Recht ihn zu ratifizieren, weil er möglicherweise die Nordgrenze von Louisiana schädigen konnte. Der 5. Artikel wurde also beseitigt und der Vertrag dann nach London zurückgesandt. Die britische Regierung verwarf aber jetzt den ganzen Vertrag, da er ihr nicht den Vorteil brachte, den sie eben suchte.

Doch schon im Jahre 1807 kam es zu neuen Verhandlungen in derselben Sache. Die Unterhändler auf beiden Seiten legten die Tatsache zu Grunde, daß Louisiana den Vereinigten Staaten gehöre, daß aber dessen Grenzen nach Nord und West nicht festgelegt seien. Diese Grenzbestimmung war ein wesentlicher Punkt in der Verhandlung und die englischen Bevollmächtigten versuchten fortgesetzt, die Amerikaner betreffs des Landes westlich der Felsengebirge zu übervorteilen. Ohne gerade einen genau formulierten Anspruch zu verfechten, hatten sie die Absicht, „sich ein Körnchen Recht für spätere Forderungen in dieser Gegend zu sichern"[4]. Schließlich kam man zu einer halben Verständigung, die eigentlich nur den Aufschub der Erledigung bedeutete und darum für die weitausschauende englische Politik von Vorteil war. Ein Artikel besagte, daß man dem 49° n. Br. nach Westen folgen sollte, soweit die Gebiete beider Länder sich in dieser Richtung erstreckten; von dieser Bestimmung aber sollte das Land westlich der Felsengebirge ausgeschlossen sein. Diesem Vertrage widerfuhr dasselbe Schicksal, wie dem aus dem Jahre 1803. Er ist niemals ratifiziert worden. Aus Gründen, die in keinem Zusammenhang mit den Grenzfragen stehen[5], wurde er von Jefferson, ohne dem Senate überhaupt vor-

---

[4] State papers 1822—3.

[5] Er enthielt die Forderung freier englischer Schiffahrt auf dem Mississippi.

gelegt worden zu sein, verworfen. Im Jahre 1812 brach aus anderen Ursachen zwischen England und den Vereinigten Staaten Krieg aus.

Nun hatte sich aber die Lage durch einen Vorstoß von der anderen Seite verschoben. Im März 1811 wurde seitens der American Pacific Fur Company die erste und einzige amerikanische Niederlassung in Columbia gegründet, die sich nach John Jacob Astor nannte, einem New Yorker Kaufmann deutscher Abstammung (aus Walldorf bei Heidelberg). Die Company sah sich allerdings im Jahre 1813 gezwungen, an die englische N. W. Company zu verkaufen, da die Vereinigten Staaten nicht in der Lage waren, ihr militärische Hilfe gegen England zu leisten, mit dem man sich seit 1812 im Kriegszustand befand. Es war hohe Zeit gewesen, denn die Stadt wurde unmittelbar nach dem Verkauf von einem Kriegsschiff genommen, das Comodore Hiller, der ein englisches Geschwader im Stillen Ozean befehligte, zu diesem Zweck detachiert hatte. Während des Krieges wurde auch kein Versuch zur Rückeroberung gemacht, aber der erste Artikel des Genter Friedens von 1814 bestimmte, dass alle Gebiete, Plätze und Niederlassungen irgend welcher Art, welche die beiden Mächte einander weggenommen hätten, sofort zurückgegeben werden sollten. Und auf Grund dieser Bestimmung erklärte Präsident Monroe dem englischen Unterhändler Baker am 18. Juli 1815, daß die Vereinigten Staaten die Rückgabe von „Astoria" verlangten.

England behielt sich die abschließende Antwort auf diese Forderung vor, mit der Begründung, daß die American Company an die englische verkauft hätte und seitdem der Platz als eine britische Besitzung angesehen worden sei. Die Vereinigten Staaten weigerten sich natürlich anzuerkennen, daß ihre politischen und territorialen Rechte durch eine geschäftliche Abmachung zwischen privaten Firmen geschmälert werden könnten, und bestanden auf ihrem Anspruch, bis endlich am 6. Oktober 1818 Astoria formell zurückgegeben wurde.

Im übrigen aber war man auch im Genter Frieden nicht weiter gekommen. Die britischen Versuche aus den Jahren 1803 und 1807 bezüglich der Grenzlinie wurden zwar hier wieder aufgenommen, aber die Bevollmächtigten boten wieder nur Artikel an, die genau in demselben Sinne wie die früheren gehalten waren. Man kam darum zu keiner Verständigung und der schließlich unterzeichnete Vertrag enthielt nichts über diese Frage.

10. Am 20. Oktober 1818 aber wurde endlich im Verfolg der Verhandlungen über Astoria eine Konvention geschlossen, die zwar keine Klärung der Rechtsfrage, aber einen neuen und staatsrechtlich

fixierten Aufschub brachte und darum einen vollständigen Triumph
der englischen Diplomatie bedeutete. Nach Artikel 3 derselben sollte
alles Land westlich der Felsengebirge, auf welches beide Mächte
Anspruch erhoben, auf die nächsten zehn Jahre allen Untertanen
und Bürgern beider Mächte „frei und offen stehen, ungestört von
beiden Mächten". Ferner gab die Konvention ein gemeinsames
Recht zur Besetzung von Häfen und zur Schiffahrt auf den Flüssen.

Dies war allerdings der vollkommene Sieg der Engländer,
denn es gab zunächst, so weit man sah, blos einen Hafen, einen
Fluß; sie waren gewiß formell den Vereinigten Staaten übergeben
worden, aber die englischen Kaufleute blieben in vollständigem
und tatsächlichem Besitz derselben, da sie als Gesellschaft oder als
Privatleute den Grund und Boden inne hatten und noch dazu das
Recht erhielten, die englische Flagge dort wehen zu lassen. Und
außer diesem realen Gewinn hatte England seitens der Vereinigten
Staaten noch eine Anerkennung dessen erlangt, daß seine Kaufleute
ein Recht hatten auf die anderen Häfen und schiffbaren Flüsse an
der Küste des Stillen Ozeans, Zugeständnisse, die mit ziemlicher
Gewißheit den Erwerb des ganzen Columbiatales und vielleicht
noch viel mehr besagten, und auf alle Fälle später einen Kompromiß
notwendig machten. England brauchte nur, wie Benton oft im
amerikanischen Senat[6]) wiederholt hat, stillzusitzen und seinen
Anspruch durch Besitzen im Besitzrecht reifen lassen[7]). Bis zu
diesem Abschluß hatte der englische Bevollmächtigte Mc Kenzie
mit starrer Energie an dem 45. Breitengrad als Grenzlinie westlich
des Mississippi festgehalten, um damit den Columbiafluß an England
zu bringen. Sein Programm war: „Mag die Linie am Mississippi
beginnen, wo sie will, sie muß so nach Westen fortgesetzt werden,
daß sie im Stillen Ozean südlich des Columbia endet". Mit demselben Verständnis für die Interessen seines Landes protestierte
auch der englische Gesandte in Washington, Bagot, seit 1817 fortgesetzt gegen die Besetzung des Columbia-Flusses durch die Vereinigten Staaten und wies immer von neuem darauf hin, daß er
während des letzten Krieges im Namen Seiner Majestät besetzt
worden und seitdem die zu den Besitzungen Seiner Majestät gehörig
betrachtet worden sei. Um so unbegreiflicher erscheint die Kurz-
sichtigkeit auf amerikanischer Seite; sie läßt sich nur entschuldigen
mit einer Unkenntnis von dem strittigen Lande, die man kolossal

---

[6]) Benton wiederholte unermüdlich wie ein zweiter Cato, „der gemein-
schaftliche Besitz" müsse abgetragen werden.

[7]) Benton p. 54.

nennen muß; glaubte man doch sogar, noch ganz gute Erfolge mit dieser Konvention erzielt zu haben[8]).

Die englischen Diplomaten aber wußten besser, was sie taten; von jetzt an (Oktober 1818) vermieden sie es prinzipiell die Oregonfrage mit den Vereinigten Staaten zu diskutieren, obschon sie die Sache gut im Auge behielten: wir haben ja schon gesehen, wie ihnen die Monroe-Doktrin vom Jahre 1823 eine Veranlassung gab, mit Rußland 1825/26 einen Vertrag abzuschließen, in dem die englische Nordgrenze festgelegt wurde, ohne der Vereinigten Staaten und ihrer Anrechte in dem Vertrage zu gedenken. Da die Vereinigten Staaten sich bei dieser Kaltstellung beruhigten, verloren sie wieder Terrain; und sie verschlechterten ihre Chancen noch mehr, da sie es übersahen, bei Ablauf der zehn Jahre den „gemeinschaftlichen Besitz" rechtzeitig zu kündigen, so daß er am Anfang von Harrisons und Tylers Amtsperiode im Jahre 1841 ganze 23 Jahre gedauert hatte.

Worauf aber gründeten sich überhaupt die Ansprüche der Union? und wie hat sich ihre Politik in dieser Frage historisch entwickelt?

Der Amerikaner Thomas Jefferson ist als der geistige Entdecker des Columbiaflusses zu betrachten. Sein gesunder Menschenverstand sagte ihm, wo hohe schneebedeckte Ketten wie die Felsengebirge so starke Gewässer nach einer Seite abfließen lassen, daß sich daraus ein Missouri bilden kann, da müsse auch ein entsprechender Abfluß auf der anderen Seite vorhanden sein; und so war er fest von der Existenz eines Flusses dort überzeugt, wo später der Columbia gefunden wurde, obschon noch kein Seefahrer seine Mündung gesehen und kein Erforscher seine Ufer betreten hatte[9]). Möglich, daß seine Anregung auch die tatsächliche Auffindung des Flusses zur Folge hatte; jedenfalls war es wiederum

---

[8]) „Wir haben nicht behauptet, daß die Vereinigten Staaten ein volles Recht auf dieses Land hatten, wir bestanden nur darauf, daß sein Recht gegenüber dem Anspruch Englands gültig war. Wir wußten nicht genau, welcher Wert dem Lande westlich dieser Berge beizumessen sei, aber wir hatten trotzdem keine Befugnis, ein Abkommen einzugehen, das einer Aufgabe unserer Ansprüche gleichkam. Schließlich glaubten wir sogar, wir hätten Erfolge erzielt und die britischen Bevollmächtigten nur mit Widerstreben zugegeben, daß das Land an der Nordwestküste, das beide Parteien beanspruchten, unbeschadet der Rechte beider, für eine gewisse Zeit für den Handel der Bewohner beider Länder offen sein sollte." Brief von Gallatin und Bush, 20. Okt. 1820.

[9]) Benton II. 14.

ein Bürger der Vereinigten Staaten, Kapitän Gray aus Boston, der im Jahre 1790 zuerst auf den Columbiafluß bei seiner Mündung stieß. Am 11. Mai 1792 drang er dann mit seinem Schiff „Rediviva" nach dem er den Fluß benannte, in die Mündung ein und segelte eine Strecke stromaufwärts.

Damit begründete er den ältesten Anspruch der Union im fernen Westen. Wir haben schon gesehen, daß diese seine Entdeckung den amerikanischen Händlern, die sie auszunutzen suchten, wenig Vorteil brachte: England beeilte sich auf Mc Kenzies Agitation hin, den angelsächsischen Vettern hier den Rang zunächst in kommerzieller Hinsicht abzulaufen.

Die Union ließ auch die Dinge vorläufig gehen, da sie die politische Bedeutung der Sache nicht erkannte; erst als sie im Jahre 1803 Louisiana erworben hatte, ergab sich für sie daraus eine offene Grenzfrage in betreff dieser Ostprovinz. Nun wurden noch im selben Jahre Lewis und Clarke mit einer offiziellen Expedition ausgesandt, um die Entdeckung des ganzen Flusses, von seiner Quelle abwärts, vorzunehmen und formell Besitz im Namen ihrer Regierung zu ergreifen. Dies führte im Jahre 1805 zum erwünschten Ziele. Die Expedition war den Missouristrom aufwärts gezogen, hatte die Felsengebirge überstiegen, den Columbia gefunden und abwärts verfolgt und überwinterte nun nahe seiner Mündung. Der Fluß entspringe in dem Hochland, welches die Wasserscheide zwischen dem Atlantischen und dem Stillen Ozean bilde, sei der längste Strom im Westen und beinahe von der Größe des Mississippi, so meldete sie nach Hause.

Aber während die Engländer Schritt für Schritt ihre Interessensphäre dort ausdehnten, machte man seitens der Union noch immer nicht Ernst. Wir wissen bereits: erst im Jahre 1811 wurde die erste amerikanische Niederlage an der Mündung des Columbia oder Oregon gegründet und es war nur ein Privatunternehmen eines bedeutenden Kaufmannes, jenes John Astor aus New York, dem zu Ehren der jungen Stadt auch der Name „Astoria" gegeben wurde. Doch fehlte diesmal staatliche Unterstützung nicht ganz: mit Bewilligung und unter dem Beifall der Regierung der Vereinigten Staaten wurde das Unternehmen begonnen, und ein amerikanischer Marineoffizier[10]) erhielt Erlaubnis, Astors Hauptschiff zu

---

[10]) Es war der tapfere Leutnant Thorn, der mit dem „Decatur" in Tripoli war, und der später im Nootka Sund sein Schiff in die Luft sprengte, um es nicht in die Hände der Wilden fallen zu lassen, denen es sonst rettungslos verfallen war, die aber jetzt sämtlich mit zu Grunde gehen mußten.

befehligen, um dem Ganzen einen politischen und nationalen Anstrich zu geben. Auch die folgenden Ereignisse sind uns bereits bekannt: der Verkauf des Privateigentums der Amerikaner an die englischen Kaufleute, die Besetzung durch die englische Marine, die Rückgabe infolge der Friedensbedingungen nach jahrelangen Verhandlungen. Es kam doch einer inhaltslosen Zeremonie sehr nahe, wenn dabei ein amerikanischer Agent, John Baptist Brevost, nach Valparaiso gesandt wurde, sich auf einem englischen Kriegsschiff (The Blossom) einschiffte, den Platz übernahm und den Empfang bescheinigte, nur um das Ganze dann ruhig in den Händen der Engländer zu belassen. Und dann erst jener zeitlich damit zusammenfallende Abschluß der Konvention in London zwecks gemeinsamer Besitznahme des Columbiaflusses auf zehn Jahre! Wen trifft die Schuld? Man kann sich denken: Präsident Monroe war weit davon entfernt, damit zufrieden zu sein. Aber er wurde nicht vom Kongreß unterstützt, der eine blinde, um nicht zu sagen, verbrecherische Gleichgültigkeit gegen das wahre Interesse Amerikas an den Tag legte. Der Präsident ließ sich trotzdem nicht irre machen; er verkündete der Welt im Jahre 1823, daß es seine feste Absicht sei, den Stillen Ozean offen zu halten.

Und im nächsten Jahre, in seiner Dezember-Botschaft an den Kongreß, empfahl er lebhaft die Gründung von Militärstationen an der Mündung des Columbia und anderen stategischen Punkten an der Nordwestküste. Er machte hier und in den sich daran schließenden Beratungen kein Hehl aus der anti-englischen Tendenz dieser neuen Politik, daneben aber wies er auf die Größe der unmittelbaren Vorteile für Amerika hin, auf die Pflichten der Regierung ihren Kaufleuten und Auswanderern gegenüber und die letzten Konsequenzen für die Weltstellung der Union. Es betonte, man müsse passende Sammelplätze für die im Nordwesten Handel treibenden amerikanischen Schiffe haben, sie vor Plünderung durch Eingeborene schützen, man müsse ferner nach europäischen Grundsätzen kolonisieren und zwar ein weites Gebiet von Küste und Hinterland: nur im großen Stile könne Kolonisation von Nutzen sein und Opfer dürfe man am Anfang nicht scheuen. Er setzte als Ziel, daß die Einwanderung zur See sich im Innern mit dem Auswanderungsstrom von Osten her treffen solle; dadurch würde Amerikas Herrschaft sich vom Atlantischen zum Stillen Ozean ausdehnen und gleichzeitig eine Tür nach dem Orient geöffnet werden, durch die Religion, Wissenschaft und die gesamte Kultur Amerikas und des Abendlandes den orientalischen Völkern zugänglich würden. Gedanken von einer Größe und Überlegenheit, wie sie vor diesem genialen Staatsmann

noch nie jemand an dieser Stelle vertreten hatte. Aber der Kongreß
hatte wiederum kein rechtes Verständnis für das, was not tat; immerhin verdichtete sich unter dem Einfluß der Exekutive der Vorschlag
zu einem Gesetz, in dem diese unter anderem auch ermächtigt
werden sollte, im Westen eine Territorialregierung zu errichten,
wenn die Wohlfahrt der Allgemeinheit dies verlangen würde. Aber
gerade der fünfte Abschnitt, welcher diese Ermächtigung enthielt,
wurde nach langen Debatten durch ein Amendement gestrichen,
da man im Hause der Meinung war, daß derselbe der Exekutive
zu viel Macht einräume. Die Bill selbst wurde zwar am 23. Dezember 1824 mit 113 gegen 57 Stimmen vom Hause angenommen,
blieb aber im Senat hängen und wurde schließlich auf Antrag
Lowries aus Pennsylvanien auf den Tisch gelegt, d. h. bei Seite ge-
schoben[11]).

Inzwischen kam man aber doch langsam vorwärts. Ein Vertrag mit Spanien sicherte seit 1819 die Grenzen, wie sie der Kauf-
vertrag von 1803 mit Frankreich festgelegt hatte, und der Anspruch
der Vereinigten Staaten wuchs so gut, wie der englische durch
Handel und Kolonisation; das allgemeine Interesse für den Westen
war im Steigen und mit ihm Unternehmerlust, Missiontätigkeit und
Auswanderung. Und wenn es für das Jahr 1812 auch sicher über-
trieben gewesen sein mag, was ein Vertreter des Staates Missouri
damals in einem Bericht an das Repräsentantenhaus behauptete,
daß die Interessen dieser Republik allein im Seeverkehr auf dem
Stillen Ozean 8 Millionen Dollars betrügen[12]), so kann kein Zweifel
darüber sein, daß in den zwanziger und dreißiger Jahren ganz be-
deutende Kapitalien amerikanischer Bürger hier zu schützen waren.

Und damit nicht genug, auch ein neuer wichtiger Anspruch
ergab sich aus einer aufblühenden neuen Niederlassung, der amerikanischen Kolonie in dem gesegneten Tale des Wallamette. Sie
wurde erst 1832 gegründet und mußte im Anfang schwer mit der
Hudsons Bay Company um ihre wirtschaftliche Existenz kämpfen,
aber sie war entwicklungsfähig und für die Zukunft wertvoller, als
die Stationen der mächtigen englischen Gesellschaft, denn sie unterschied sich wesentlich von ihnen, wie übrigens auch von Astoria
selbst, dadurch, daß sie als ackerbauende und dauernde Ansiedelung gegründet war, nicht für Jagd- und Handelszwecke[13]), daß
sie ferner dem Eifer der Mission ihr Dasein dankte und ihr darum

---

[11]) Vergl. Holst III. 5. 29.
[12]) Lloyd aus Missouri, in den Kongreßdebatten VII. S. 79. 25. Jan. 1812.
[13]) Holst III. S. 37.

kolonisatorische Propaganda eingeboren war[14]). Von ihr sehen
wir später jene gewaltigen Mahnungen ausgehen, die zu Fremonts
Expedition und der großen Auswanderung von 1843 und 1844 führten.

So hatten die Ansprüche der Union eine letzte, und nicht die
schlechteste Stütze gefunden in der Dauer und Stetigkeit einer
Ackerbau treibenden, unablässig wachsenden, rein amerikanischen
Niederlassung und der von ihr ausgehenden und sich immer weiter
ausbreitenden Missionstätigkeit.

Und nun, da das öffentliche Interesse einmal geweckt war,
erhob sich im dritten und vierten Jahrzehnt ein bald lau, bald heftig
geführter publizistischer Kampf um das amerikanische Vorrecht,
der für die späteren Debatten das Material vollständig zusammen-
brachte. Daneben ruhte die diplomatische Auseinandersetzung mit
England nie völlig, wenn ihr auch oft genug der rechte Ernst und
jener Nachdruck mangelte, der sich nur aus dem Bewußtsein von
der Verteidigung vitaler Interessen ergeben kann.

Wir fassen die wichtigsten Punkte, die in den zahlreichen
Flugschriften[15]), wie in den diplomatischen Verhandlungen zur Ab-
lehnung der englischen Ansprüche vorgebracht wurden, in derselben
Reihenfolge zusammen, in der wir vorher die Begründung jener
Ansprüche erörtert haben.

1. Gegen die Berufung auf Drakes Entdeckung erhob man
den Einspruch, daß, wenn sie je stattgefunden habe, doch keine Besiedelung erfolgte, und Entdeckung ohne Besiedelung keinen Rechts-
anspruch gebe.

2. Dasselbe habe zu gelten für Cooks Entdeckungen, die noch

---

[14]) In dem Januar-Artikel 1843 in Fishers Colonial Magazine heißt es
mit Bezug auf die Ansiedelung von Wallamette: „Zufolge eines befremdlichen
und unverzeihlichen Versehens seitens der östlichen Beamten der Gesellschaft
wurde es Missionaren aus den Vereinigten Staaten gestattet, die Seelsorge für
die Bevölkerung auf sich zu nehmen. Diese geschickten Leute führten in kurzer
Zeit solche Anzahl ihrer Landsleute ein, daß der Einfluß der kleinen Zahl der
ursprünglichen englischen Ansiedler zur Bedeutungslosigkeit gebracht wurde."
Hierzu bemerkt Holst mit Recht (III. 3): „Der Beamte der Hudson Bay Co. hatte
sich also einer schweren Pflichtverletzung dadurch schuldig gemacht, daß er
amerikanischen Missionaren die Ausübung ihres hohen selbstlosen Berufs gewährt
hatte, und diese hatten sich dadurch als Wölfe in Schafskleidern erwiesen, daß
sie etliche Landsleute als friedliche Ansiedler nach sich gezogen hatten! Das
zeigt, wie man in England geneigt war, die ‚gemeinsame Besitzung' aufzufassen."

[15]) Die Flugschriftenliteratur hierüber ist verzeichnet und besprochen vom
amerikanischen Standpunkt aus in: Speeches and Occasional Addresses by John
A. Dix I. pp. 6—45 und vom englischen Standpunkt aus in Fishers Colonial
Magazine, Januar 1843, wieder abgedruckt in Niles Register LXIV. pp. 40—42.

dazu viel weiter nach Norden lagen: das angeblich von den Indianern dabei südlich von dem Columbia gekaufte Land sei nicht nur namenlos und von ungenannten Stämmen erworben, sondern könne auch garnicht existieren, da dort überhaupt nie Indianer gewohnt hätten. Im übrigen könne der Ausdruck „südlich von dem Columbia" höchstens einen Anspruch gegen Kalifornien begründen und ginge weder die Vereinigten Staaten noch die Oregonfrage etwas an.

3. Aus dem Utrechter Frieden nahm man nur das negative Ergebnis heraus, daß England jedenfalls über den 49. Grad hinaus keinerlei Rechte habe, was es auch später durch wiederholtes Anerbieten derselben Grenzlinien als dauernd zu Recht bestehend anerkannt habe; im übrigen war man mit England bei der Auslegung des Vertrages darin einig, daß beide Parteien diese Linie zwar bis zu den Felsengebirgen als verbindlich anerkannt, die Gültigkeit darüber hinaus aber verneint hätten.

4. Wies man mit Recht auf die parteiische Auslegung des Escurial- oder Nootka Sund-Vertrages seitens der Engländer hin. Er hatte in der Tat nur Konzessionen von Englands Seite und keineswegs die Erwerbung von Rechten bedeutet. So war er damals von der englischen Oppositionspartei charakterisiert worden und das hatte das Ministerium zur Zeit der Mitteilung an das britische Parlament zugeben müssen. Anstatt Grund und Boden zur Kolonisierung oder Anspruch auf Gebiet zu liefern, nahm er mit Art. 6 sogar das Recht zum Landen und zur vorübergehenden Errichtung von Hütten zu irgend einem anderen Zweck als zum Fischfang aus und wollte gerade jedes Recht zur Ansiedelung auch nur zu Handelszwecken mit den Eingebornen ausschließen.

5. Wandte man gegen die Rechtsansprüche aus Vancouvers Entdeckungen ein, daß er den Columbia nicht nur nicht entdeckt habe, sondern sogar Grays Bericht von dem Vorhandensein eines solchen Flusses nicht habe glauben wollen. Auch hierin hatte man recht. Die Engländer behaupteten freilich, die Mündung sei zuerst von Vancouver oder vielmehr von dessen Leutnant Broughton gefunden worden, allein dies ist nachweislich unrichtig. Vancouver war wohl an ihr vorüber gefahren, aber er hatte sie nicht gesehen; aus seinem eigenen Journal erhellt in unzweifelhafter Weise, daß er sogar der Versicherung Grays nicht Glauben schenkte, als dieser ihm seine Entdeckung mitteilte, ehe noch die Columbia die Einfahrt in den Strom hatte bewerkstelligen können[16]).

---

[16]) Siehe den Nachweis in den angeführten Reden von Dix, zusammengefaßt von Holst III. 64.

6. Auch die Verwertung der Reise McKenzies über Land nach der Pacifickküste war leicht abzulehnen. War er doch dazu durch Grays Entdeckung veranlaßt worden und erst um drei Jahre später an den Ozean gelangt; dazu hatte er, wie wir schon sahen, den Columbia oder einen seiner Zuflüsse nicht erreicht, sondern war auf die Küste 500 Meilen weiter nördlich gestoßen.

7. Betonte man mit Emphase und den Tatsachen gemäß, daß die Unternehmungen der Hudson Bay Co. ein unberechtigter Eingriff waren, nur Handelszwecken dienten, nichts zur Entwickelung des Landes taten und kein Prioritätsrecht wirklichen Ansiedlern gegenüber begründen konnten. Die Kompagnie brachte in der Tat dauernde Ansiedler erst im Jahre 1838 dorthin und zwar nur Viehhirten und keine Farmer[17]).

8. In Bezug auf die Verträge von 1803 und 1807 hatte man leichtes Spiel: sie waren ja nicht ratifiziert worden und die Vereinigten Staaten konnten mit Recht bestreiten, daß sie sich je in Verträgen an den 49⁰ für das Gebiet westlich der Gebirge gebunden hätten.

9. In Bezug auf Astoria und die Columbiamündung stellte man sich zunächst auf den von uns oben schon skizzierten Standpunkt, daß a) der Verkauf der privaten Bestände der Pacific Fur Company keinesfalls Gebiet und Rechte der Vereinigten Staaten einschließen konnte; daß b) die Wegnahme von Astoria während des Krieges demnach eine Kriegstat war und England also nicht mehr Anspruch brachte, als etwa die Einnahme von Castine oder Detroit auf Maine und Michigan; ferner erlaubte man sich in Erinnerung zu bringen, daß c) der neue Anspruch von dem englischen Gesandten Bagot erst im Jahre 1817 erhoben sei und noch dazu in solcher Weise, daß er im Widerspruch zu allen sonstigen angeblichen englischen Ansprüchen stände. Man griff seine allerdings nicht geschickte Formulierung an. Er steifte sich darauf, daß Astoria während des Krieges im Namen Seiner Majestät besetzt und seitdem als ein Teil britischen Gebietes betrachtet worden sei. Das

---

[17]) „Die Hudson Bay Company war eben nur eine Handelsgesellschaft, deren einziger Zweck die Verfolgung materieller Interessen eines Häufleins von Kapitalisten war. England hatte nicht in Oregon eine Kolonie gegründet, sondern einige Engländer konstruierten dort eine Produktionsmaschine, die von Beamten in Betrieb gehalten wurde und in der Indianer und Sandwichinsulaner Haupträder waren. Die Gesellschaft suchte nicht das Land zu entwickeln, sondern auszunutzen." Holst III. 34.

[18]) Protokoll vom 16. Dezember 1826, Reports of Commitees 25. Congr. 3ᵈ. Session vol. I. Rep. 101 House of Repres. p. 3.

Wort „seitdem", so argumentierte man nun, schließe jeden früheren
Anspruch aus und der Vertrag von Gent, der die Rückgabe aller ·
eroberten Plätze bedingt habe, fege auch diesen Anspruch fort.
Umsomehr, als d) die tatsächlich erfolgte kriegerische Einnahme
beweise, daß die Engländer die Stadt für amerikanisches Eigentum
auch vorher gehalten und dies durch die formelle Rückgabe an die
Vereinigten Staaten auch nachher offiziell bestätigt hätten.

10. Die verhängnisvolle Konvention von 1818 stellte man endlich als ein Zugeständnis nur an die britischen Handelsinteressen,
aber nicht an seine Gebietsansprüche dar; sie kämen in die rechte
Beleuchtung nur im Zusammenhang mit der Zurückgabe von Astoria,
der Botschaft von 1823 und 1824 und dem amerikanischen Vertrag
mit Rußland von 1825; das darin stipulierte Recht auf Beendigung
des gemeinsamen Besitzes werde sofort ausgeübt werden, sowie die
Ereignisse es nötig machten. In diesem Punkte war die geschraubte
Interpretation fraglos auf amerikanischer Seite, denn es gehörte
nicht zuviel staatsrechliches Verständnis dazu, um zu sehen, daß
das gemeinsame Recht zur Besetzung der Häfen und Flüsse doch
auch irgend welche politischen Ansprüche involvierte, und daß kein
fremder Staat gezwungen werden konnte, die Deutung einer an sich
klaren Konvention durch andere, ihn nichts angehende Verträge
und innerpolitische Akte anzunehmen. Wägt man aber im ganzen
die gegenseitigen Rechte ab, so kann kein Zweifel sein, daß die der
Amerikaner im Übergewicht waren. Im übrigen war es natürlich
nur eine Interessen- und Machtfrage. England hatte es verstanden,
sich hier festzusetzen und tatsächlich große britische Handelsinteressen zu schaffen: noch war die Hudson Bay Company die einzige
wirkliche Macht in diesem Gebiet und ganz Großbritannien stand
hinter ihr, bereit, sie zu verteidigen, mochte auch der Rechtsboden
noch so unsicher sein[19]): Für England gab es nie etwas anderes,
als Interessen- und Machtpolitik; wie diese Interessen entstanden
waren, war der britischen Diplomatie ganz gleichgültig. So auch
hier. Dagegen nutzte alles Protestieren nichts: es diesen Engländern
gleich zu tun und die Kolonisierung energisch selbst zu betreiben,
war die Aufgabe. Mit der Ansiedelung von Wallamette war ein
glückverheißender Anfang gegeben: war man entschlossen, so fort-
zufahren und dann die politische Macht ganz für diese neu ge-
schaffenen Interessen einzusetzen und eventuell auch den Krieg
nicht zu scheuen, dann konnten die besser begründeten rechtlichen
Ansprüche auch wieder zu ihrem Rechte kommen.

---

[19]) Vgl. Holst III. 23 f.

Dieser Entschluß ließ freilich noch recht lange auf sich warten.
Doch erstarkte die Einsicht in die Notwendigkeit des Eingreifens
wenigstens bei Einzelnen; auch neben Monroe gab es Männer, die
Englands Vormachtstellung im Westen fürchteten, wenn sie auch
den panamerikanischen Gedanken nicht erfaßt hatten; die es für
wertvoll hielten, der Union wenigstens einen Seehafen mit Militär-
und Marinestation am Stillen Ozean zu sichern, die den Pelzhandel
in jeder Gegend retten und eine freie Verbindung für Handelszwecke
zwischen dem Mississippi und der Westküste eröffnen, die mit dem
Handel und der Mission Amerikas auch die ganze Kultur ihres
Heimatlandes nach Ostasien übertragen wollten[20]). Das alles waren
Gedankengänge, die gesetzgeberische Akte zur Aufhebung der Konvention von 1818 und den Versuch, Oregon zurückzunehmen, nahe
legen konnten. Vor allem nahm sich Herr Floyd aus Virginien der
Sache an. Auf seine Anregung ernannte im Dezember 1820 das
Repräsentantenhaus ein Komitee, das die Lage der Ansiedelungen am
Columbia zu prüfen und über die Rätlichkeit von regierungsseitigen
Schritten zur Besetzung des Landes referieren sollte. Er selbst er-
stattete einen detaillierten Vorbericht am 25. Januar 1821, der ernstlich bestrebt war, die Aufmerksamkeit auf die Wichtigkeit dieser
Interessen der Union am Stillen Ozean zu lenken. Aber als im
Dezember die Bill des Komitees zur Verhandlung kam, wurde sie
bald auf den Tisch gelegt: man hatte keine Zeit dafür, und lehnte
auch am 27. Januar des folgenden Jahres den Antrag, die Bill
wieder vom Tisch zu nehmen, mit 100 gegen 61 Stimmen ab. Floyd
ließ sich nicht dadurch entmutigen, daß er so bald, zum Teil an
der allgemeinen Indifferenz, zum Teil auch an dem Glauben, daß
eine solche Ausdehnung der Republik ein Hirngespinst sei und
verhängnisvoll werden würde, Fiasko erlitten hatte. Es gelang ihm
am 29. Dezember 1823, unmittelbar nach Monroes Botschaft und von
ihm unterstützt, die Ernennung eines neuen Komitees durchzusetzen,
und er berichtete im April 1824 dem Hause von neuem im Sinne
seiner früheren Vorschläge; wieder ohne Erfolg. Da hörte auch seine
Agitation auf und in den Jahren 1825 und 1826 wurden gar keine
Schritte in dieser Angelegenheit versucht. Auch Adams, der 1845
zu einem so starken Parteigänger für Oregon wurde, tat damals
noch nichts zur Wiedererlangung. Er ermächtigte sogar Rush, den
49. Grad n. B. zu acceptieren, wenn England nicht den 51. Grad n. B.
annehmen wollte[21]). England lehnte dies ab, beanspruchte überall

[20]) Vgl. Benton II. 54.
[21]) Niles Register IX. p. 140.

in Oregon Kolonien zu gründen und schloß seinen Vertrag mit
Rußland. Als nun die Zeit des Ablaufs der Konvention nahe rückte
(Oktober 1828), wurde die Frage diplomatisch erörtert; die Diskussion
führte aber zu nichts anderem als zur Bestätigung der beiderseitigen
Ansprüche und endlich zu dem Beschluß, die Konvention von 1818
auf eine unbestimmte Zeit zu verlängern. Beide Mächte behielten
sich das Kündigungsrecht vor, sodaß der Vertrag und der gemein-
schaftliche Besitz ein Jahr nach erfolgter Kündigung erlöschen
sollten. Diese Vereinbarung wurde am 6. August 1827 getroffen; sie
war immerhin ein Fortschritt auf amerikanischer Seite.

Von dieser Zeit an war Benton zehn Jahre lang der einzige,
der die Frage im Oberhaus erörterte[22]).

Seine Agitation wurde nicht beachtet, höchstens belächelt, als
ein Steckenpferd. Bis endlich Jackson, der aus dem Westen stammte
und von demselben Mißtrauen gegen England beseelt wurde,
Präsident wurde. Durch ihn und eine Reihe von Senatoren und
Kongreßmitgliedern aus den westlichen Staaten, zumal aus Missouri,
die also besonders dabei interessiert waren, wurde nun die Sache
eifrig betrieben.

Er beauftragte im Jahre 1836 Slocum mit einer gründlichen
Durchforschung dieses fast gänzlich unbekannten Gebietes. Dieser
Mann bewies in überwältigender Weise den großen Wert desselben
in einem Memorial, das er dem Kongreß am 18. Dezember 1837
vorlegte. Hier hatte Lynn aus Missouri Floyds Erbschaft über-
nommen; er brachte am 7. Februar 1838 eine Bill vor den Senat,
Oregon als ein Territorium zu organisieren und ein Fort und Zoll-
amt am Columbiafluß zu errichten. Der Senat überwies die Angelegenheit an ein besonderes Komitee, nachdem Buchanan dringend
gemahnt hatte, sie nicht mehr zu verschieben, da die Hudson Bay
Company Forts errichte, Wälder abholze und die Indianer unter
ihre Kontrolle nähme. Am 6. Juni gab dann Lynn einen genauen
Bericht im Namen des Komitees, der mit dem Wunsche schloß, der
Präsident möge die wirkliche Durchführung der gemeinsamen Besitznahme des wichtigen Landes vorschlagen, das, wie er fürchte,
sonst für die Union ganz verloren gehen werde; zugleich brachte

---

[22]) Den von ihm gelegentlich immer wieder beantragten Resolutionen
pflegte er etwa folgende Formen zu geben: „daß es für die Vereinigten Staaten
und England nicht zweckmäßig sei, länger über ihre Ansprüche an die Nordwestküste Amerikas auf Grund eines gemeinsamen Besitzes ihrer Bürger zu
verhandeln." Oder „daß es zweckmäßig sei, den den gemeinsamen Besitz betreffenden Artikel in der Konvention von 1818 nach seinem Ablauf erlöschen zu
lassen." vgl. Benton I. S. 111.

er, und das war das Wichtigste, eine Bill ein, die den Präsidenten
ermächtigte, Heer und Flotte zum Schutze der amerikanischen Ansiedler und ihrer Interessen zu verwenden. Und weiter am
28. Januar 1839 legte er dem Senat eine vom 16. März 1838 datierte
Petition der Ansiedler von Wallamette vor, in welcher die Regierung
um schleunige und formelle Besitzergreifung dieses Gebietes gebeten
wurde. Kurz zuvor hatte auch Cushing im Namen des Komitees
für auswärtige Angelegenheiten dem Hause einen Bericht über
Oregon erstattet und eine Bill ähnlichen Inhalts, wie die Lynns
eingebracht:[22]) es solle beschlossen werden, daß der Anspruch der
Vereinigten Staaten an das Gebiet von Oregon unbestreitbar sei
und nie aufgegeben werden solle, daß ferner der Präsident der
englischen Regierung davon Mitteilung zu machen habe, daß die
Verträge von 1818 und 1827 mit zwölfmonatlicher Ablaufsfrist ge-
kündigt seien[23]).

Die Ansiedler unterstützten diese Bewegung durch eine neue
Petition 1839—40 um Errichtung einer Territorialregierung.

Trotzdem blieb alles Velleität; die Bemühungen zogen sich bis
Januar 1843 hin und wurden alsdann durch eine sonderbare Kom-
bination illusorisch gemacht.

Obgleich die Mehrheit der Sache jetzt günstig gegenüber stand,
wollte sie nicht die Tagesordnung zu ihren Gunsten bei Seite setzen.
Doch das wäre zu überwinden gewesen, wichtiger war, daß der
Präsident Tyler zwar durchaus Anti-Engländer war — darum gerade
war er gewählt worden — aber ganz unter Websters Einfluß stand.
Dieser aber war gegen gesetzgeberische Schritte in dieser Richtung,
weil er glaubte, sie würden für die damals schwebende Frage der
Nordostgrenze schädlich sein, und weil er erwartete, zum Spezial-
gesandten nach England zur Schlichtung aller dieser Fragen ernannt
zu werden[24]). Die Entscheidung aber brachte der Widerspruch der
Senatoren aus Süd-Carolina. Von ihnen wünschte Calhoun zwar
Oregon zu haben, glaubte aber, jetzt die Sache zum Klappen
bringen, hieße England eine leichte Beute in den Schoß werfen. Er
sah den Versuch, Oregon wieder zu nehmen, für einen sicheren
Kriegsfall mit England an, der nur mit einer vollkommenen De-

---

[23]) Vgl. Kongreßdebatten XIII. pp. 622—623. Niles Reg. IV. pp. 139—143.
Kongreßdebatten XIII. pp. 139—143. Niles Reg. VI. pp. 234—239. Kongreß-
Deb. XIV. p. 18.

[24]) Curtis, D. Websters Leben. II p. 176. Dies wäre ein Unglück für die
Vereinigten Staaten gewesen; wie denn Holst III. 40 richtig bemerkt, Webster
sei ganz bereit gewesen, Oregon aufzugeben, wenn England ihm dafür nur hin-
sichtlich der Grenze von Maine und des Stockfischfanges gefällig sein wollte.

mütigung der Vereinigten Staaten und Gebietsverlust endigen könnte. Denn England sei imstande, seine siegreichen Truppen von China in sechs Wochen nach Oregon zu schaffen, die amerikanischen Truppen aber müßten sechs Monate marschieren, wenn man überhaupt die Möglichkeit zugeben wolle, eine Armee durch die unermeßliche Wildnis zu führen. Die Vereinigten Staaten sollten daher eine Politik „weiser und meisterhafter Untätigkeit" verfolgen. Selbst das bloße Kündigen des Vertrages in Jahresfrist sei zwecklos. England würde wahrscheinlich den Vertrag als sofort abgelaufen betrachten, das Land in Besitz nehmen und „uns überlassen, ob wir uns fügen, oder verhandeln, oder versuchen wollen, es wiederzuerobern. Sich fügen wäre — Alles vergeben; Verhandeln — hoffnungslos und das Wiedererobern — undurchführbar"[25]).

Auf der anderen Seite betrachtete McDuffie die Felsengebirge als eine unüberschreitbare Barriere, für deren Beseitigung er aber „nicht fünf Dollars geben würde", da jeder, der nach Oregon käme, zum Barbaren würde und die Idee, daß Oregon ein Unionsstaat würde, zum Lachen sei[26]). Gewiß, über diese törichte Meinung ist die Zukunft mit raschem Fuße hinweggeschritten, damals aber half sie den Ausschlag geben; der Versuch, die Konvention zu widerrufen, schlug fehl.

Die Folgen waren zunächst für die innere Politik von großer Bedeutung. Die Oregonfrage wurde dadurch zur Parole in der nächsten Wahl-Kampagne; Benton und der Westen wurden gegen Süd-Carolina und den ganzen Süden erbittert und Süd-Carolina verlor nicht nur die Führerschaft, sondern auch jedes Ansehen in der demokratischen Partei. Wie das aber alles wieder auf die äußere Politik in der Oregon- und Texasfrage einwirkte, werden wir später sehen.

Inzwischen hatte John Fremont seinen berühmten Paß durch die Felsengebirge entdeckt. Tyler war geneigt, sich gegenüber der Auswanderung ablehnend zu verhalten, bis die beiden Regierungen die Besitzfrage erledigt hätten, aber der Missionar Dr. Whitman[27]) überredete ihn, eine Expedition zu senden, um sich ein Urteil über das Land zu bilden. Und schon begann die erste Auswanderung im Anschluss an Fremonts Zug und geleitet von Whitman und den Burnetts und Applegates aus Missouri; und noch im Jahre 1843 stießen trotz der Gegenbemühungen der Regierung 2000 Auswanderer

---

[25]) Calhouns Werke IV. p. 245, 253. Holst III. 39.
[26]) McDuffies Rede im Senat, Januar 1843.
[27]) s. d. Missionsjahrbücher von Oregon 1843.

mehr zu ihnen[28]), „Jetzt war es ad oculos demonstriert, daß die Felsengebirge den Gedanken einer direkten Verbindung zwischen der Ost- und Westküste des Kontinents keineswegs in das Reich der Träume verwiesen"[29].

Der Weg nach Westen war offen und in immer wachsender Anzahl zogen die weißgedeckten „Prairie-Schooner" hindurch zur Erfüllung der „klarliegenden Bestimmung des amerikanischen Volkes". Jetzt erst wurde Englands Stellung hier am Ozean ernstlich gefährdet: Die Interessen verschoben sich zu seinen Ungunsten.

Übersicht über den Inhalt der letzten drei Kapitel.

9. Kapitel.

Die geschichtliche Entwickelung des Monroe-Doktrin bis 1844.

Die Monroe-Doktrin, die heute die ganzen auswärtigen Beziehungen Amerikas regelt, war von Hause aus weder rein konservativ, gerichtet auf Erhaltung des damaligen Standes der Union, noch wollte sie etwa nur die schwächeren Staaten Amerikas aus Philanthropie gegen die fremden Weltmächte schützen, sondern war von vornherein das Programm einer bewußten Expansionspolitik, verkündet allein im Interesse der Vereinigten Staaten; Monroes ganzes Leben war durchglüht von Eifersucht auf England und erfüllt mit dem Bestreben, neue Territorien und das kommerzielle Übergewicht zunächst im Orient zu erwerben.

Wunderbarerweise kam der letzte unmittelbare Anstoß zu seiner Botschaft von England selbst. Der Widerstand des amerikanischen Gesandten Rush gegen den Versuch der heiligen Allianz, Spanien seine abgefallenen Kolonien wieder zu verschaffen, fand lebhafte Unterstützung durch Canning und durch Wellington auf dem Kongreß von Verona. Canning selbst machte den Vorschlag, öffentlichen Protest zu erheben. Gegen Spanien ist also vor allem Monroes Bot-

---

[28]) Unsere Bevölkerung zieht es nach den Gestaden des großen Ozeans mit mehr Wucht als wir erfassen. Es ist dies eine jener Völkerbewegungen, die die Voraussicht überflügeln. Calhouns Rede, 23. Januar 1843; Werke p. 245.

[29]) Holst III. 640.

schaft. gerichtet; sie wurde gut geheißen sowohl von seinem Kabinett, wie von Thomas Jefferson. Der Inhalt ist in Kürze: Die Vereinigten Staaten mischen sich weder in die internationalen Angelegenheiten Europas, noch in die Verhältnisse der gegenwärtig existierenden europäischen Kolonien in Amerika, aber sie werden auch keine Einmischung in die Verhältnisse der Freistaaten Amerikas noch die Errichtung neuer Kolonien oder die Übertragung monarchischer Formen nach Amerika dulden: Den neuen von Spanien abgefallenen Freistaaten müsse die Chance selbständiger Entwickelung geboten werden, es schiene ausgeschlossen, daß sie im Sinne der heiligen Allianz das monarchistische System von selbst annähmen.

So war die Botschaft zunächst ganz im Sinne Englands gegen das Übergewicht der heiligen Allianz; aber Monroe hatte größere Ideen, wie wir schon oben zeigten: er wandte das neue Programm sofort gegen England selbst in der Oregonfrage und sein Vertrag mit Rußland bewies seinen Mut und seine Weitsichtigkeit.

Bei den verschiedenen Mächten fand die Doktrin natürlich sehr verschiedene Aufnahme, je nach ihrer Stellung zur heiligen Allianz und den inneren politischen Zuständen. In Amerika selbst standen sich bald zwei Interpretationen gegenüber.

Adams, der bisher immer für eine sehr weitherzige Auslegung der Konstitution gewesen war, fand, daß die Vereinigten Staaten sich dadurch noch keineswegs zur Ergreifung der Waffen für die neuen Staaten verpflichtet hätten; seine Instruktionen an die Vertreter auf dem Panama-Kongreß vertraten den Gesichtspunkt, daß jeder amerikanische Freistaat selbständig seine Grenzen gegen europäische Eingriffe verteidigen müsse, eine Auffassung, die die Monroe-Doktrin im Grunde annullierte. Ihr gegenüber hatte schon Jefferson vor ihm die einzig richtige Interpretation: Expansion um jeden Preis, vertreten, obwohl er bis dahin in der Auslegung der Konstitution sich stets nur an den Wortlaut gehalten hatte. Ihm trat Clay 1825 mit Rücksicht auf die drohende kubanische Frage bei: England dürfe Kuba auf keinen Fall von Spanien kaufen. Der in demselben Jahre für diese Fragen tagende Panama-Kongreß wurde dank der blinden Opposition der demokratischen Partei zu spät beschickt und dadurch illusorisch gemacht; zudem hätten die lauen Instruktionen Adams wenig genutzt.

Die nächste Anwendung in Jeffersons Sinne geschah durch Commodore Jones, der 1843 auf die fragliche Zeitungsnachricht hin, daß England von Mexiko Kalifornien gekauft habe, sofort Monterey und andere Orte am Stillen Ozean besetzte, die dann wieder mit vielen

Entschuldigungen restituiert werden mußten. Ein schneidiges, aber etwas voreiliges Zugreifen, das einen schlagenden Beweis für die Erregung der öffentlichen Meinung und die wachsende Volkstümlichkeit der Doktrin gibt und nur im Zusamenhange mit den fortdauernden Kriegsdrohungen Mexikos und der Aktivität der Engländer in Texas und Oregon, wie mit der unmittelbar darauf folgenden Packenham-Korrespendenz über die Sklavenfrage zu würdigen ist, und das sogar Webster, der sonst gegen Expansion war, verteidigte, weil der Kriegszustand von dem Kommandeur vorausgesetzt worden war.

10. Kapitel.

Die Wahlcampagne von 1844.

Jetzt kamen die Differenzen mit England und Mexiko aus dem Kreise der Diplomatie heraus vor das Forum der öffentlichen Meinung. Die Nation als solche entschied, auch gegen die partikularistischen Tendenzen im Norden und Süden. Die Whigpartei war lau in Bezug auf die Expansion: Adams war nur, soweit Texas in Betracht kam, und so lange es sich noch nicht für die Sklaverei entschieden hatte (1838), für die Anwendung der Doktrin gewesen, und jetzt ihr strammer Gegner. Clay war ihr entschiedener Vertreter gewesen, aber jetzt, um es mit der Partei nicht zu verderben, durch die er auf den Präsidentenstuhl kommen wollte, war er für Verzögerung, Webster hatte stets die Expansionpolitik verurteilt.

Die demokratische Partei als solche war durchaus für die Expansion, aber unter ihren Führern war es schwer einen geeigneten Kandidaten zu finden. Van Buren hatte wesentlich denselben Standpunkt des Abwartens wie Clay. Jackson war der stärkste Verfechter der Monroe-Doktrin und ein feuriger Hasser Englands, aber er war zweimal Präsident gewesen und darum von der Wahl ausgeschlossen; darum unterstützte er also seinen früheren Protegé van Buren jetzt nicht, sondern lieber den unbekannten Polk, der allein von allen Kandidaten sich entschieden für die Erwerbung beider Länder, Texas und Oregon, ausgesprochen hatte, während Calhoun nur für die Annexion von Texas und dazu sein persönlicher Feind war: wogegen ihre verschiedene Stellung zur Sklavereifrage nicht ins Gewicht fiel.

Die Sklavereifrage spielte in der ganzen Campagne keine wesentliche Rolle, sie wurde in keinem der Parteiprogramme genannt. Innerhalb der demokratischen Partei zeigte sich der Zwiespalt zwischen Jackson und Calhoun darin, daß auf dem am 27. Mai ab-

gehaltenen Parteitag die Vertreter aus Süd-Carolina nicht erschienen;
van Buren, der die einfache Majorität schon hatte, wurde hier von
der Kandidatur dadurch zurückgedrängt, daß Jacksons Anhänger
auf ²/₃ Majorität bestanden. So einigte man sich hier auf die Parole:
„Polk and Dallas (als Vizepräsident), Oregon and Texas, 54⁰ 40' or
fight!" Die Chancen der Partei stiegen nun durch den Unwillen, den
die Ablehnung des Vertages mit Texas im Juni durch den Kongreß
hervorgerufen hatte, obwohl der Vertrag von den Demokraten selbst
zu Fall gebracht worden war, die gegen Süd-Carolina und Calhoun
auch Oregon hatten anschließen wollen. Dazu rührte sich England
unmittelbar nach der Abweisung von neuem: es forderte von Mexiko
die Anerkennung der Selbständigkeit von Texas, verlangte aber
dafür, daß sich Texas endgültig verpflichte, niemals in die Annexion
seitens der Union zu willigen und für die Grenzfragen britischen
Schiedsspruch anzunehmen. Das hieß mit anderen Worten, England
beanspruchte Kontrolle des Golfes von Mexiko, des Mississippi, der
Felsengebirge, und speziell der Oregonpässe und desjenigen nach
New Orleans, und endlich den Zugang zu allen Indianerstämmen
im Innern Amerikas. Das konzentrierte die Stimmen auch in solchen
Staaten für Polk, die sonst durchaus whigistisch dachten, oder zum
mindesten noch zweifelhaft waren, so in New York, Pennsylvania,
Maine, Michigan, New-Hampshire und Missouri, während das ganz
demokratische Süd-Carolina aus Feindschaft gegen Jackson gegen ihn
stimmte. So hat mit der Wahl Polks der Norden, und nicht der
Süden, den Ausschlag gegeben für die Rettung der Annexionspläne
und die Fortführung der politischen Bahnen Monroes.

11. Kapitel.

Calhouns Triumph.

Polks Wahl entschied trotzdem nicht sogleich die Annexion.
Denn die Texaner waren durch die Abweisung im Juni sehr erbittert,
und England beschleunigte mit aller Kraft die Verhandlungen mit
Mexiko. Die Schwierigkeiten der Lage übersahen nur zwei Männer
in den Vereinigten Staaten ganz, der noch am Ruder befindliche
Whigpräsident Tyler und besonders sein demokratischer Staatssekretär
Calhoun.

Calhoun sah, daß die Erwerbung von Texas sofort geschehen
müsse, noch in Tylers Amtsperiode, ehe die Verkoppelung mit der
Oregonfrage unter dem neuen Präsidenten durchgeführt wurde. Es
war wohl nötig für die Zwecke der Wahl beide Fragen zu kombi-

nieren, für die diplomatische Verhandlung aber mußten sie wieder getrennt werden, wollte man den Krieg vermeiden, dem Oregon wehrlos zum Opfer gefallen wäre. Texas aber konnte man erwerben, sowie man die Mißstimmung der Texaner überwunden hatte, ohne dadurch England einen staatsrechtlichen Grund zum Kriege zu geben; denn Texas war außer von Mexiko allseitig als selbständig anerkannt. Den Krieg mit Mexiko erwartete man nicht.

Um die Oregonfrage aus der Welt zu schaffen, bot Calhoun zunächst den 49. Grad als Grenze an, den England aber zurückwies. Dann setzte er einen Annexionsvertrag zwischen den beiden Exekutiven von Mexiko und den Vereinigten Staaten durch, der freilich noch der Bestätigung durch die beiden Kongresse bedurfte; die Mißstimmung in Texas versuchte er durch eifrige publizistische Agitation zu beseitigen. Der Senat in Washington verzögerte die Ratifikation bis zum letzten Tage der Tylerschen Administration und seiner eigenen Existenz, um dem Nachfolger die Ausführung zu sichern, aber noch in der letzten Stunde seines Amtes schickte Calhoun die entscheidende Depesche nach Texas, die dort Heer und Marine der Vereinigten Staaten zur Verfügung stellte. Gleichzeitig lief aber in Texas die durch England vermittelte Einwilligung der Selbständigkeit ein. Präsident Jones veröffentlichte zwei Tage darauf eine Proklamation, in der er der Bevölkerung die Wahl stellte zwischen Selbständigkeit und Annexion: die amerikanischen Agenten beeilten sich darauf, in Zeitungen und Versammlungen zu demonstrieren, daß es sich um eine andere Wahl handle, nämlich zwischen der Aussicht, ein Spielball in der Hand der großen Mächte und zumal Englands zu werden, oder der anderen „in des Vaters Haus zurückzukehren". Damit war die Erbitterung gegen Amerika erloschen und erst ein Delegiertentag, dann der Kongreß, endlich eine allgemeine Abstimmung erklärten sich für die Annexion.

Der englische Bevollmächtigte in Texas, Kapitän Elliott sagte resigniert: „Die Jagd ist aus, ich erwarte jetzt Instruktionen von London". Hier war die Enttäuschung groß. Hätte England gesiegt, so hätte es Kalifornien kaufen, Oregon okkupieren, und die Monroe-Doktrin über den Haufen werfen können.

Kleine Staaten sind immer abhängig von den innerpolitischen Strömungen der großen Mächte und mehr noch von ihrer gegenseitigen Konstellation. Nur durch die Gesamtlage der europäischen Politik war England in den Stand gesetzt worden, solange im Westen frei zu schalten; unbesiegt von Napoleon, der fast die ganze Kraft Europas vergebens gegen es aufgeboten hatte, war es zur ersten Weltmacht herangewachsen; die Freundschaft mit Louis Philipp und mit Spanien hatte es noch gestärkt. Aber diese Stellung hatte sich garade 1845 verschoben. Die Enthüllungen über die spanischen Heiratspläne erschütterten die guten Beziehungen zu Frankreich, und die Weigerung, Rußland in seinen antitürkischen Absichten zu unterstützen, ließ den völligen Bruch mit dieser Macht voraussehen, während der Schwerpunkt der europäischen Politik sich gerade jetzt dem Orient zuneigte. Dazu hatte England noch andere koloniale Interessen zu vertreten, es rüstete sich zur Erweiterung seiner Kolonie in Südafrika und begann jenen dreijährigen Krieg zur Niederwerfung der kriegerischen Sikhs in Pandschab. Auch im Innern schwankte Peel mit seinem ganzen Ministerium infolge der irischen Hungersnot, der Agitation gegen die Kornbill, und der scharfen Angriffe des jungen Disraeli. So waren die Hände weder nach außen noch nach innen frei, und man mußte Texas fahren lassen und in der Oregonfrage sich bequemen, jetzt selbst jene Grenze des 49. Grades anzubieten, die man früher Calhoun gegenüber abgelehnt hatte. Polk nahm sie mit Widerstreben an; sein Programm war der 54. Grad gewesen, der Kongreß zwang ihn aber zur Nachgiebigkeit. Damit war Calhouns Politik in beiden, der Texas- und Oregonfrage, zum Siege gelangt.

Hauptquellen.

1. Verträge und diplomatischer Briefwechsel, jetzt im Besitze des Staates Texas und in der Bibliothek des Staatsdepartements niedergelegt. Diese Dokumente (zitiert als Mms.) sind ungeordnet, ohne Index und vielfach unpaginiert; zwischen ihnen liegt vieles, das nicht hinein gehört. Sie sind dem Publikum nicht zugänglich und ich gestatte mir, dem Herrn Gouverneur und dem Herrn Staatssekretär, die mir den Zugang ermöglicht haben, auch an dieser Stelle meinen Dank dafür auszudrücken. (Die aus diesen Akten bereits publizierten Stücke sind nach ihrem Druckort zitiert.)
2. a) Debatten im Kongreß Gales, und Seatons Register, (zitiert: D. in C.).
   b) Niles Register (Besonders Bd. 72, 73, 74, zitiert: Niles.) (Die Bände aus dieser Periode sind in keiner der Berliner Bibliotheken vorhanden.)
   c) Congressional Globe (zitiert: Cong. Globe.).
   d) Haus- und Senats-Dokumente (zitiert: Hs. Doc. oder Sen. Ex. Doc.).
3. a) Ashbel Smith, „Memoirs and Reminiscenses" (zitiert: Mem. or Rem.).
   b) Ashbel Smith, „Annual Address Dec. 15 th. 1875 before the Historical Society of Galveston".
4. Anson Jones, „Memoirs and Memoranda".
5. „Lubbock's Memoirs or Six Decades in Texas."
6. „Die deutsche Ansiedelung in Texas": Sonderabdruck einer Reihe das Unternehmen des Vereins zum Schutze deutscher Einwanderer in Texas besprechender Artikel aus dem „Rheinischen Beobachter" von Joh. Heinr. Siegfr. Schultz. Geschrieben im Mai und Juni 1845 — Abgedruckt Bonn 1845 (zitiert: D. D. A. S.).
7. Samuel Houston, Inaugurals and Messages as President 1833—1838 und 1841—1844 (zitiert: Cong. Journals).
8. „Letter of Mr. Walker af Mississippi, relative to the Annexation of Texas: in reply to the call of the people of Carroll county, Kentucky, to communicate his views on this subject. Washington, Printed at the Globe Office" 1844 (zitiert: W. or Wol.).
9. „Speech of J. Q. Adams of Mass. in the Lower House of Congress 1837 from June 16 to July 25 on the Right of Petition." Pamphlet. (zitiert: Adams Speech or A.).

10. „Thoughts on the proposed Annexation of Texas to the U. S." Artikel aus
der New York Evening Post, gezeichnet: „Veto" = Theodore Sedgwick;
als Broschüre zusammengedruckt mit: „Address of Albert Gallatin LL. D.,
delivered at the Metropolitan meeting, held on the 24th. of April 1844."
New York 1844 (zitiert: Veto or V.).
11. Buchanans Rede im Senate über die Annexion, Juni 1844. Sonderdruck
(zitiert: Buch. or B.).
12. H. Bentons „Thirty Years View". Vols. I and II (zitiert: Ben.).
13. Statesman's Manuel (zitiert: Stats. Man.).
14. Calhouns Reden über die Oregonfrage, 1843 and 1846, und desselben Autors:
„Complete works, in five vols." (zitiert: Cal.).
15. Nathan Sargeant, Public Men and Events (from the commencement of Mr.
Monroe's administration in 1817 to the close of Mr. Fillmore's Adm. in 1853).
16. James Hamilton.
a) Korrespondenz mit Santa Anna über den Ankauf von Texas, in Folsoms
Mexico.
b) Brief an das Volk von Texas und diplomatischer Briefwechsel mit Guizot
und Geo. Mc Duffie.
c) Rede in Savannah, für die Annektierung: Niles Reg. 24. Juli 1844.
17. Von bedeutenderen darstellenden Werken sind öfter zitiert:
1. Dr. H. von Holst, Verfassung und Demokratie der Vereinigten Staaten
von Amerika, I—III.
2. Herbert Bancroft,
a) History of Texas and the North Mexican States, Vol. IX.
b) History of Mexico, Vol. V.
3. Browns History of Texas, 2 vols.
4. Yoakums History of Texas, 2 vols.
5. Geo. Bancroft, History of the United States.
6. Folsoms Mexico, 2 vols.
7. Gallatins' Peace with Mexico.
8. Albrecht Wirth, Das Wachstum der Vereinigten Staaten von Amerika
und ihre auswärtige Politik, Bonn 1899.

Lebenslauf.

Ich, Benajah H. Carroll jr., bin am 3. März 1873 zu Waco in Texas (Vereinigte Staaten) geboren und stamme von einer alten amerikanischen Familie ab. Mein Vater, Prof. B. H. Carroll M. A., D. D., LL. D., ist Dekan der theologischen Fakultät in der Baylor University zu Waco, Tex. Meine verstorbene Mutter war Ellen geb. Bell. Zuerst kam ich in die Waco Public School, dann besuchte ich vom Jahre 1888—1892 die obengenannte Baylor University, welche mir den Titel eines „Baccalaureus in Artibus" verlieh. Nach zweijährigem Besuch verließ ich 1894 die State University in Austin, Tex. mit dem Grad eines „Bachelor of Laws" (LL. B.). Seit 1893 bin ich Mitglied einer Baptisten-Gemeinde und seit 1894 ordinierter Prediger der Baptisten-Kirche. . Als solcher diente ich nacheinander den Gemeinden in Colorado City und Weatherford, Tex. Am 6. August 1895 heiratete ich Daisy Crawford, die Tochter des Majors Joshua Crawford aus Austin; aus dieser Ehe habe ich einen jetzt sechsjährigen Sohn. Den Krieg gegen Spanien 1898 habe ich als Hauptmann der Kavallerie in dem ersten Regiment U. St. Volunteer Texas Cavalry und als Feldkaplan mitgemacht. Nach Schluß des Krieges habe ich mich meinen Studien wieder gewidmet. Ich besuchte vom Herbst 1898 bis Juni 1901 das Southern Baptist Theological Seminary in Louisville, Ky., welches mir die Würde eines Magisters (1900) und eines Doctors in Theology (1901) verlieh. Ein Sommersemester im Jahre 1899 (während der Ferien in Louisville, die von Juni bis Oktober dauerten) habe ich auf der Universität in Chicago studiert. Vom Oktober 1901 bis Juni 1902 war ich Assistant Professor in dem oben erwähnten Predigerseminar. Während dieser Zeit publizierte ich ein von mir verfaßtes Buch unter dem Titel „Genesis of American Antimissionism". Endlich studierte ich auf der Friedrich Wilhelms-Universität in Berlin vom Oktober 1902 bis zu meinem Examen rigorosum, welches ich am 4. Februar 1904 bestanden habe.

Hier hörte ich die Vorlesungen der Herren Professoren Delbrück, Gunkel, Harnack, Lasson, Lenz, Paulsen, Schäfer und Schmoller, welchen ich hiermit meinen herzlichen Dank ausspreche.

Vor allem aber fühle ich mich den Herren Professoren Lenz, Schäfer und Delbrück zu aufrichtigem Dank verpflichtet, und namentlich dem erstgenannten Herrn, der meine Studien am tiefsten beeinflußt und am weitesten gefördert hat.

Lightning Source UK Ltd.
Milton Keynes UK
UKHW02f0943280618

324919UK00013B/1525/P